일평생 섬김과 헌신, 사랑으로 기도하며
예배자의 본이 된 이명재 장로 추모문집

나 맡은 본분은

A charge to Keep I have

이명신 편저

일평생 섬김과 헌신, 사랑으로 기도하며
예배자의 본이 된 이명재 장로 추모문집

나 맡은 본분은

편   저 | 이명신
펴 낸 이 | 김원중

편 집 주 간 | 김무정
기   획 | 허석기
편   집 | 김주화
디 자 인 | 박정미, 옥미향
제   작 | 박준열
관   리 | 차정심, 정혜진
마 케 팅 | 박혜경

초 판 인 쇄 | 2021년 9월 24일
초 판 발 행 | 2021년 10월 1일

출 판 등 록 | 제313-2007-000172(2007.08.29)

펴 낸 곳 | 도서출판 상상나무
               상상바이오(주)
주   소 | 경기도 고양시 덕양구 고양대로 1393 상상빌딩 7층
전   화 | (031) 973-5191
팩   스 | (031) 973-5020
홈 페 이 지 | http://smbooks.com
E - m a i l | ssyc973@hanmail.net

ISBN 979-11-86172-71-1 (03230)
값 15,000원

일평생 섬김과 헌신, 사랑으로 기도하며
예배자의 본이 된 이명재 장로 추모문집

나 맡은 본분은

A charge to Keep I have

이명신 편저

상상나무

목 차

아버지의 추모집을 엮으며

이 땅에 남긴 소리 없는 흔적들을 찾아서

추모집의 서문을 쓰려고 작정한 오늘 아침, 먼저 이 책이 하나님 앞에서 순전하셨던 아버지 이명재 장로의 삶이 하나님의 서사(書史)가 되길 기도하며 펜을 들었다. 하나님의 자녀로 살아가는 사람들은 한 사람 한 사람 모두가 하나님의 서사(書史)일 것이다. 인간의 생명은 하나님으로부터 오고 이 땅에서 살아가는 동안 인생은 사람들과의 관계 속에서 엮어지며 확대된다. 오늘의 나는 믿음을 신앙생활로 살아내신 부모님을 통해 존재하고, 동시에 이 생명은 홑씨와 낱씨로 얽혀 또 다른 누군가를 통해 하나님의 역사로 이어져갈 것이다.

아버지가 생전 사용하시던 책상 유리 받침 아래에는 '록펠러 어머니의 유언 십계명'을 적어 놓은 빛바랜 쪽지가 놓여 있다. 내가 어릴 적 아버지로부터 여러 번 들어서 알고 있는 내용이라고 그동안 무심히 지나쳤다. 그런데 아버지 추모집을 준비하면서 이 쪽지가 눈에 띄어 찬찬히 읽어 보니 마치 아버지 평생의 삶을 요약 정리해 놓은 축소판 같았다.

평생 일기를 쓰셨던 아버지는 매일 밤 10시 가정예배를 마치고 서재에서 일기를 쓰며 하루를 마치셨다. 월드비전 해외사업본부장으로 발령받아 아버지를 모시고 여의도로 이사했을 때, 아버지는 '오래된 일기장은 모두 버렸다'고 하셨다. 그럼에도 2013년 4월 아버지께서 본향으로 가신 후에 보니 여전히 30여 권의 일기장과 설교문이 남아 있었다. 그때부터 아버지의 남겨진 일기장은 나에게 귀하고 귀한 유산이자 피할 수 없는 내 인생의 무거운 과제가 되었다.

아버지의 일기장을 기둥 삼아 추모집으로 엮어내는 일은 한 인생을 정리하며 기념하는 의미뿐 아니라 하나님의 서사(書史)가 끊임없이 지속되게 해야 한다는 사명감의 발현이기도 하다. 내가 아버지의 딸로, 하나님의 자녀로서 감당해야 할 피할 수 없는 과제에 순종하는 일이라고 여겼다. 그래서 이 막중한 과제를 현실로 풀어내는 첫걸음을 내딛는 것이 더욱 쉽지 않았는지도 모른다.

그런데 조간신문을 읽다가 '도서출판 상상나무'를 통해 김무정 장로와 연락이 닿았다. 내가 월드비전 재직 시 국민일보 기자(당시 차장)였던 김무정 장로와 잠비아 등 아프리카 4개국을 함께 동행 취재한 인연이 있었는데 이 책의 기획자로 도움을 받게 되어 든든했다. 이어 부단히 수고를 아끼지 않은 김주화 작가와 또 한 분까지. 합력해 선을 이루어 드디어 이 추모집이 탄생하게 되었다.

오늘도 하나님의 역사는 주인공만 바뀌고 있을 뿐 계속되고 있다. 하나님의 시각에서는 세상의 평범한 일상을 살아가는 우리 각자가 주인공이다. 지극히 평범한 삶을 사셨던 아버지의 삶도 하나님 안에서 보석처럼 빛나고 있을 것이다. 하나님 안에서 살아가고 있는 우리 모두의 삶 또한 그러할 것이다. 이런 면에서 아버지 이명재 장로를 추모함과 동시에 살아오신 믿음의 발자취를 돌아보는 여정은 큰 의미가 있다고 할 것이다.

추모집 제목을 고민 끝에 "나 맡은 본분은"으로 정했다. 찬송가 372장의 제목이기도 한데 아버지는 물론 나도 즐겨 부르는 찬송이다. 이 제목은 우리가 하나님의 자녀로 살아가면서 끊임없이 스스로에게 던지게 되는 질문이다. 이 질문에 대한 답을 아버지는 삶 가운데 신앙생활로 보여 주셨다고 믿는다. 이제 오늘의 주인공으로 살아가고 있는 우리도 하나님 앞에서 각자의 삶의 본분에 대해 돌아보자는 목소리를 이 제목 속에 담고 싶었다.

아버지의 소중한 둥지였던 고향 친지와 친척들, 생명처럼 붙들고 사셨던 대현교회의 송경재 목사님과 장로님들 그리고 여러 교우께 조심스레 추모 글을 부탁드렸다. 그러자 모두들 기꺼이 글을 주셨다. 아버지와 나눈 사랑과 섬김의 역사를 기억해 주셨고 나누어 주셨다. 아버지의 일기와 더불어 아버지의 삶의 중심에 함께 섰던 분들의 추모로 이 책에 더 큰 생명이 깃들었고 더 환하게 빛나고 있다. 이 자리를 빌어서 함께해 주신 모든 분께 진심 어린 감사를 드린다. 아울러 아버지의 추모 글을 읽어주실 모든 분에게도 감사를 드린다.

책을 엮는 과정마다 한마음으로 응원과 지지를 보내준 사람들이 있다. 특별히 내 가족들, 여전히 서방님을 그리며 씩씩하게 살아가시는 엄마 최순배 권사, 모든 일에 인내로 섬겨주는 남편 민경중 목사, 세상에서 가장 예쁜 딸 예솔이와 사위 박훈, 그리고 종선 언니와 형부 이승태 장로, 동생 종익 내외와 종필 내외, 조카인 한나, 영수, 성수, 주희, 현정, 수진에게 무한한 사랑과 감사를 전한다. 아울러 책 출간을 위해 수고한 상상나무 김원중 대표님과 편집진과도 진심 어린 고마움을 나누고 싶다.

그리고 서두에 밝힌 록펠러 어머니의 신앙 유언 십계명에 대해 궁금해하실 분들을 위해 알려 드린다.

1. 하나님을 친아버지로 섬겨라 2. 목사님을 하나님 다음으로 섬겨라 3.

8

오른쪽 주머니에는 항상 십일조를 준비해 두라 4. 원수를 만들지 말라 5. 예배를 드릴 때 항상 앞자리에 앉아라 6. 주일예배는 본교회서 드리라 7. 아침에 그 날의 목표를 세우고 기도하라 8. 잠자리에 들기 전에는 반드시 하루를 반성하고 기도하라 9. 남을 도울 수 있으면 힘껏 도우라 10. 매일 성경 말씀을 읽고 묵상하라

끝으로 이 책에 무엇인가 결실이 있다면 그것은 온전히 주님의 것이다. 모든 영광을 오직 주님께!

1부
하나님이 원하시는 삶

1 마을에 영향력 있던 청년 이명재

1951년 5월 청년 이명재가 6·25전쟁에 참전하기 위해 입대하던 날이었다. 큰골 마을 사람들이 모두 몰려나와 눈물을 흘리며 배웅했다. 슬퍼한 것은 어른들만이 아니었다.

"나 오늘 학교 안 가. 오빠 군대 가는 거 볼래!"

명재 오빠가 입대하는 날 아침에 사촌 여동생은 울먹이면서 엄마를 졸랐다. 엄마가 달래며 말했다.

"오빠 벌써 새벽같이 나가서 못 봐. 그런 소리 말고 빨리 학교 가."

하는 수 없이 사촌 여동생은 학교에 갔다 와서 오빠한테 편지를 쓰며 마음을 달래야 했다.

이명재는 일제강점기인 1932년 8월 24일에 경기도 이천군 대월면 대흥리(큰골) 작은 마을에서 태어났다. 가호가 25호 정도 되는 작고 평화로운 마을로, 온 마을 사람들이 4촌, 6촌, 8촌 사이인 경기도 광주(廣州) 이(李)씨 마을이었다. 그들은 비옥한 토지로 유명한 이 고장에서 대대로 농사를 지으며 살아왔다.

손이 귀한 집이라 양자였던 할아버지는 아들 다섯을 두었는데, 큰아들은 집 안 친척집에 양자로 보냈고, 둘째 아들은 자식을 낳지 못했다. 둘째 아들은 대를 잇기 위해 한마을에 살고 있던 사촌 조카 이명재를 양자로 들였다. 그때 이명재 나이 다섯 살이었다. 그렇게 그는 종갓집의 종손이 되어 외아들로 자랐다.

양부모님은 이명재를 금지옥엽 사랑으로 키웠다. 손이 귀해 큰소리를 내거나 매도 들지 않았고, 특히 어머니는 덕망(德望)있는 집안 출신으로 조용하면서 사랑이 많은 분이었다. 이명재 또한 양부모를 친부모처럼 지극정성으로 모시며 공경했다. 훗날 아버지께서 일찍 돌아가시고 어머니 혼자 남게 된 뒤에도 어머니의 마음을 상하게 하거나 아프게 한 적이 없다. 주위 사람들이 친아들도 저렇게는 못 할 거라며 모두 인정할 정도로 정성을 다해 어머니를 모셨다. 이명재는 어머니한테 받은 사랑을 잊지 않았고 평생 고마운 마음을 가지고 살았다.

이명재는 마을 일이라면 무엇이든 앞장서서 했다. 부모님은 물론이고 마을 어르신들한테도 공손하고 예의 바르게 행동해서 모두 그를 사랑했다. 십대의 어린 나이였지만 이명재는 마을주민들의 두터운 신망(信望)을 받았고 그의 언행은 마을의 중요한 결정에 영향을 미쳤다. 젊은 이명재가 한 마디 하면 주변 사람들이 그의 의견을 존중하고 따라 주었다. 가족 안에서 그리고 마을에서 이명재의 존재감과 영향력은 커지고 있었다.

사촌 동생들한테도 한없이 자상한 오빠였다. 어린 사촌 동생들한테 공부를 가르쳐 주면서도 한 번도 화내거나 혼내지 않았다. 동생들이 못 알아들어도 늘 웃는 얼굴로 이해할 때까지 설명해 주었다.

사촌 여동생들 중에는 이만재가 있다. 이명재의 집은 동네 위쪽이었고 사촌 여동생 이만재의 집은 아래쪽에 있었다. 국민학교에서 시험 보는 날이면 하교 시간에 맞춰 명재 오빠가 우리집 마당에서 서성이며 기다리고는 했다. 만재는 시험을 잘 본 날은 오빠한테 뛰어가서 잘 봤다고 자랑했다. 하지만 시험을 못 본 날에는 집으로 가지 않고 오빠를 피해 숨었다. 오빠가 사라진 후에 안심하고 집으로 들어가면 그때 오빠가 싱글싱글 웃으면서 대문으로 들어왔다.

"너 시험 못 봤지?"

명재 오빠가 알고 있다는 듯 물어보니 피할 수 없는 만재는 울음을 터뜨렸다.

"시험 잘 보는 게 뭐 그리 중요하니? 그저 열심히 하면 되지."

하면서 명재 오빠는 위로하며 달래주었다.

명재 오빠는 몸이 약해 자주 아팠던 엄마뿐 아니라 마을의 어른들도 병이 나면 주사를 놓아주러 다녔다. 시골 마을에는 병원이나 보건소도 그리고 약국도 없었다. 전기도 들어오지 않고 교통수단으로 마차를 이용하던 시절, 의원이 있는 이천 읍까지는 8km 넘는 산길을 걸어서 가야 한다. 의사였던 대흥교회 강익성 목사를 통해 기본적인 의술을 배운 오빠는 늦은 밤에라도 환자가 생기면 주저하지 않고 달려가서 돌봐 주었다. 마을 사람들의 어려운 일을 앞장서서 헌신적으로 도와주었다.

사촌 여동생들은 이명재 장로를 예수님 같은 분이라고 이야기한다. '착하고 인자하기만 해서 화내는 모습을 본 적이 없었다. 옛날에는 다들 사는 게 어려웠는데도 명재 오빠는 남의 일도 내 일같이 늘 도와주었다. 오빠를 생각하면 예수님이 떠오른다'고 했다.

한편, 한마을에 살던 작은아버지가 큰 병이 들자 작은어머니는 이천 시내에 있는 이천중앙교회로 예배를 드리러 다니기 시작했다. 신앙이 깊어지면서 영적인 체험도 하고 성령의 은혜를 크게 입게 되었다. 이 과정에서 작은아버지 건강이 회복되었고 작은어머니는 집 안방을 비우고 거기에서 사람들을 모아 예배를 드리기 시작했다. 이 가정예배는 나중에 대흥리 큰골 고향에 세워진 대흥감리교회의 산실이 되었다.

그 작던 교회는 차츰 마을의 중심이 되어 갔다. 큰골 뿐 만 아니라 교회가 없는 주변 마을에서도 대흥교회 중심으로 예배자들이 늘어나기 시작했다. 사람들은 멀리서 초롱불을 들고 새벽 기도회에 참석했고 야외에서 천막치고 부흥회를 하면 몇 날 며칠 동안 잔칫집처럼 사람들이 몰려들었다. 처음에는 신앙이 없던 어머니도 작은어머니가 교회를 개척하면서 신앙생활을 시작했다. 불교이거나 무교, 토속신앙을 가졌던 일가친척들이 대흥교회를 통해 하나님을 믿게 되었다.

작은아버지의 질병을 치료하기 위하여 시작된 예배가 대흥교회의 모태가 되었고 대흥교회는 큰골과 이웃 마을 사람들이

6.25 전쟁 중 같이 입대한 동네 친구 이근영과 제대 후 기념사진(1955년)

하나님께로 돌아오게 하는 역할을 감당했다. 이 과정은 흡사 사람을 통해 하나님의 역사를 이루어 가시는 사도행전을 보는 것 같다. 청년 이명재도 이 선한 영향을 받아 하나님을 믿게 되었고 가족과 마을 사람들의 신망과 기대는 하나님의 사람으로 성장하는 토대가 되었다.

2 생사의 고비에서 하나님을 만나다

이명재는 이천공립농업학교에서 수학했다. 그 무렵, 일제로부터 해방의 자유를 누리기도 전에 한반도는 또다시 전쟁의 소용돌이에 휘말리게 된다. 북한 공산군이 남북군사분계선이던 38선을 넘어 불법 남침함으로써 6·25 전쟁, 한국전쟁이 일어난 것이다.

혼란스러운 시기를 겪으며 청년 이명재는 장래에 대해 고민했다. 어렸을 때부터 공부를 좋아했고 또 잘해서 선생님들로부터 사랑을 많이 받았다. 집안 대대로 이어져 내려오는 농사를 이어받으려고 농업학교에 진학하였으나 농사를 지어서 미래가 보일지 의문이 들기 시작했다. 또한 전쟁으로 나라의 분위기가 어수선하기도 했다.

눈앞에서 치열하게 전개되고 있는 전쟁의 한 복판에 청년 이명재는 학도병으로 군대에 입대해 한국전쟁에 참전하게 된다. 진짜 총은 만져보지도 못한 채 한 달간 훈련받고 즉시 전장에 투입되었다. 이명재 훈련병과 함께 입대한 동네 친구 이근영은 제주훈련소에서 최 대위(최 대위 부모님은 북에서 내려와 아버지 윗집에 터를 잡고 사셨다.)를 만나 후방의 포병으로 배치 받았다. 후방이라고는 하지만 전선이 오르락내리락하는 전쟁 통에 안전한 곳이 어디 있었겠는가. 이후에 다른 곳으로 발령받아 갔는데, 거기에서 또 최 대위를 만나게 되었다. 다급하고 정신없는 전쟁터에서 기적과도 같은 만남이 이어진 것이다.

이명재 병사에게 타 부대에 주요 문서나 정보를 전달하라는 상사의 명령을 받거나 휴가를 받아 집에 다녀오면 소대 자체가 사라지고 없는 경우가 있었다. 식사 중이거나 휴식 중에 적의 공격을 받아 소대원이 전멸되기도

했다.

어느 날 이명재 병사는 전령병으로 강원도의 타 부대에 다녀오게 되었다. 그때 동료 소대원 한 명이 그를 붙들고 부탁을 했다. 자기가 외아들인데 강원도 고향집에 갓 결혼한 어린 아내가 혼자서 늙은 부모님을 모시고 있으니 자신의 안부를 전해달라는 것이었다. 이명재 병사는 전우를 위해 흔쾌히 그러겠다고 약속했다. 그리고 이동 중에 짬을 내어 그 집을 찾아갔다. 그 집은 강원도 화천 산골에 있었고 가족들은 화전민으로 살아가고 있었다. 늙은 부모님과 10대였던 어린 아내에게 외아들이자 남편의 안부를 전해주었다.

"무사히 잘 있으니 너무 걱정하지 마십시오."

그 말에 늙은 부모님과 어린 아내가 안도의 한숨을 내쉬었다. 감자가 섞인 식사도 대접받고 이명재는 기쁜 마음으로 부대로 복귀했다. 그런 그를 기다리고 있던 것은 충격적인 소식이었다.

소대 전멸. 소대원 전원 전사.

며칠 전까지 함께 먹고 자고 행군하며 전투했던 소대원 전원이 전사했다는 것이었다. 고향집에 안부를 전해달라던 그 소대원의 흔적도 찾을 수가 없었다. 이명재는 바로 며칠 전에 만났던 10대 새색시와 늙은 부모님의 얼굴이 떠올랐다. 아들의 전우가 찾아와 전해준 잘 있다는 자식 소식에 안도하던 그 모습이 눈앞에 어른거려 마음이 에이는 것 같았다. 이 일은 평생 잊을 수 없는 아픔으로 남았다.

포탄의 공포만큼이나 병사 이명재와 부대원들을 두렵게 했던 것은 굶주림이었다. 식량과 무기 등 전투물자가 턱없이 부족했고, 더구나 우리나라는 국토의 70%가 산악지대로 전투물자를 신속하게 공급하기도 어려웠다. 제

1953년 종전협정 후 군악대로 활동하며 신앙생활에 열심 내던 군대시절

주도에서 훈련받는 동안 부대원들은 멀건 국에 주먹밥 하나로 하루하루를 버텼다. 화장실에 가 보면 재래식 화장실 여기저기가 피투성이였다. 먹은 게 없다 보니 나오는 것도 없어 다들 변비에 걸려 피똥을 쌌다. 주린 배를 채우려고 부대 이동 중에 논밭의 벼 이삭이나 채소를 허겁지겁 뜯어 먹으면서 허기를 달래야 했다. 익지도 않은 싹을 뜯어 먹다 배탈과 설사로 고생하는 일은 다반사였다. 훈련 중에 개울물을 마셔서 단체로 이질에 걸려 고생하기도 했다. 식사 시간에는 양은으로 된 그릇에 배식을 받았는데, 이명재와 병사들은 양은그릇의 바닥을 열심히 두드렸다. 그렇게 하면 조금이라도 밥이 넓게 펴져서 밥 한 톨이라도 더 받을 수 있기를 기대하며 두드린 것이다. 배고픔의 기억은 나중에 자녀들에게 밥 한 톨의 소중함을 일깨우며 '남기지 말고 적당히 먹어라'의 교훈이 된다.

이명재보다 앞서 입대한 바로 위 친형은 최전방의 소총부대로 배치 받아 전사하였다. 동생보다 똑똑하고 공부를 잘했다는 작은형은 집에서 가족의 배려로 수일 동안 신혼의 시간을 보내고 입대했다. 그리고 얼마 후 형은 전쟁터에서 전사했고 형수는 유복자를 출산했다.

이명재가 하나님을 뜨겁게 만나게 된 것이 바로 이 차디찬 전장에서였다. 전쟁의 한복판에서 생사의 고비를 수없이 넘기게 되면서 그때마다 하나님의 보호하심이 있었음을 알게 된 것이다. 교회에 다니긴 했지만 신앙의 깊은 체험은 없었다. 그러나 목숨이 왔다 갔다 하는 위험한 상황이 닥쳐올 때마다 여러 사람의 도움으로 가까스로 피해가게 되면서, 이 모든 과정에 하나님이 돌보시는 손길을 비로소 깨닫게 되었다.

나중에 알게 된 놀라운 사실은, 바로 그러한 수없는 생사의 위기 때마다 고향의 대흥교회에서 이명재를 위한 합심기도가 있었다는 것이다. 성도들이 교회에 모여 이명재가 무사히 살아서 귀대하기를 간절히 기도했다고 한다. 한 순간에 죽음에 이를 수도 있는 전장에서 자신을 지켜준 것이 기도의 힘이었음을 깨닫게 되면서 이명재의 신앙은 불처럼 뜨거워졌다.

이명재는 훗날 고백한다.

"제가 이토록 처절했던 6·25전쟁에서 무사히 살아남을 수 있었던 것은 고향 분들의 중보기도에 대한 하나님 응답이었습니다."

이 경험은 이명재가 평생 기도의 사람으로 살아가는 계기가 되었다.

3 손이 귀한 집안의 장손

이천에서 대대로 농사짓던 집안, 손이 귀한 집안의 장손 이명재. 그 귀한 장손이 6·25전쟁에 참전을 결정하였으니 집에서는 대가 끊길까 봐 초조할 수밖에 없었다. 그리하여 부모님은 이명재가 곧 전시 입대를 준비하고 있었음에도 대를 잇기 위해 결혼을 서둘렀다. 아버지와 장인어른은 술친구 사이로 의기투합해서 결혼식을 진행했다.

치열하게 교전이 진행 중이던 1950년 12월, 이명재는 전쟁 한가운데 결혼식을 올렸다. 당시 이명재 나이 열여덟 살, 신부 최순배는 열일곱 살로 둘 다 아직 어린 나이였다. 둘은 국민학교 같은 반 급우였지만, 서로 성격이 달라 학창 시절에 친하게 지내지는 않았다. 이명재는 어릴 적부터 손에 늘 책과 연필을 들고 살 정도로 공부를 잘했고(손에서 책을 놓지 않는 습관은 평생 가게 된다.), 최순배는 학업에 별 관심이 없어서 국민학교 졸업 후 집에서 살림을 돕다가 시집가게 되었다.

결혼식 당일은 날씨가 몹시 추웠다. 집 안마당에 전통 혼례식장이 차려졌고 어린 신부는 결혼이 무엇을 의미하는지 제대로 알지도 못한 채 부모님이 하라는 대로 족두리를 쓰고 혼례를 치렀다.

남편은 결혼식을 치른 후 몇 개월 만에 입대해서 전쟁터로 떠났기에 신부는 남편도 없는 시댁에서 시집살이를 시작했다. 국민학교 동창이었던 남편도 왠지 모르게 어려웠는데 시댁 어른들은 얼마나 어려웠겠는가. 장손 집안에 외며느리로 집안일이며 밭일이며 해야 할 일은 산더미처럼 많았다. 최순배는 부지런하고 힘이 좋아서 집안일 뿐만 아니라 동네 큰일도 척척 잘해냈다. 그 와중에 신혼생활 중 전장에 나간 남편이 걱정되어 직접 손수

건을 만들어 편지에 같이 보냈다.

전쟁 초기에는 이천 대흥리가 산골이라 포격도 없었고 인민군이 들어오지도 않았다. 젊은이들과 군경, 공무원들이 낮에는 산속에 숨어 지내다가 밤에는 집으로 내려와 자는 정도였다.

그러나 1951년 1·4후퇴 때에는 온 마을 사람들이 피란을 떠나게 되었다. 최순배도 시댁 어른들을 따라 피란을 떠났다. 그 당시 큰아버지 댁

이명재 최순배의 결혼식

이 경제력이 있어서 마차를 동원할 수 있었고 생필품의 여유도 있었다. 마차에 양식과 의류, 재봉틀 등 생활용품을 싣고 아이들은 업고 걸었다. 어린아이들은 피란 간다니 내용도 모른 채 신이 나서 뛰어다녔다. 한겨울 피란길에 올라 춥고, 어린아이들을 잃어버리고 찾느라 고생하며 끝도 모르는 길을 가야 했다. 충청도 증평이라는 시골에 도착해 방 하나씩을 얻어 쌀과 혼수용 옷감 등을 주고 지냈다. 마차를 이용해 짐을 날라주는 일을 하고 쌀이나 생필품을 조달하기도 했다.

몇 개월 뒤 서울이 수복되면서 고향으로 돌아온 뒤에도 최순배는 시댁에서 끝도 없이 밀려오는 일에 매달려 시부모, 시할머니 병수발까지 들면서 남편이 휴가 나오는 날만 손꼽아 기다렸다. 남편이 휴가 나오는 날에는 많은 동네 사람들, 사촌 동생들도 함께 마중 나갔다. 버스가 동네에 안 들어오던 시절이었다. 이명재는 사동리 버스정류장에서 내려 30여 분을 걸어서 들어오고는 했다. 그가 마을에 들어서면 마을에 잔치가 열렸다. 그리고

제대 후 신혼여행 겸 나들이에 나선 부부

몇 날 며칠을 여러 집에서 돌아가면서 식사를 대접 해 주었다.

1953년 7월에 마침내 휴전이 성립되면서 군 생활도 안정되어갔다. 이명재는 군악대로 발령 받아 가서 군대 생활에 조금은 여유도 생겼다. 하지만 외아들이자 종손으로서 가족의 생계를 책임져야 했기에, 1954년 6월 15일에 하사관으로 전역해서 농사일과 교회 일에 전념하며 지내게 된다. 그리고 전역 후 오랫동안 이명재는 참전유공자 신분을 유지하다가 2008년에야 국가유공자로 인정받았다.

결혼한 지 5년 만에 첫 딸을 낳았지만 백일 경 고열로 첫아이를 잃고 말았다. 그 후 1957년에 큰딸 종선, 59년에 둘째 딸 명신이 태어났다. 손이 귀한 집인데 결혼 5년 만에 딸만 내리 셋을 출산하니 할아버지는 산모와 갓난아기를 쳐다보지도 않았다. 아내 최순배는 눈치가 보여 출산한 지 하루 만에 집안일과 밭일을 해야 했다.

1961년에 드디어 첫아들 종익이 태어났다. 그제야 최순배는 제대로 된 미역국을 먹을 수 있었다. 부모님은 손자 종익을 애지중지했다. 손이 귀한 집에서 딸 셋을 내리 낳고 첫 아들을 낳았으니 그 기쁨이 엄청났다. 이명재는 밭에서 일하다가 아들을 낳았다는 소식을 듣고도 얼굴에 특별히 기쁜 내색은 없었다고 한다. 아들 딸 구별 않고 자식을 소중히 여기는 사람이었다. 그런데 그때 같이 있었던 사람들이 본 바로는 집으로 걸어가는 이명재의 걸음걸이가 달랐다고 한다. 64년에는 둘째 아들 종필까지 낳았다. 두 딸은 고무신에 보자기 책가방을 들고 학교에 다닌 반면에, 두 아들은 운동화에 가죽가방을 메고 학교에 다녔다.

그 당시 가정 형편은 부농도 빈농도 아닌 지금으로 보면 중산층에 속했다. 집에 머슴도 두 사람 있었다. 그렇지만 아버지가 한량이어서 오일장 날마다 두루마기를 곱게 차려입고 쌀 한두 되씩을 가지고 장에 나갔다. 그리고 손주들을 위해 껌 한 통 사가지고 거나하게 취해서 들어왔다. 최순배는 장날이 끝나면 시아버지의 한복과 두루마기를 깨끗이 빨아서 빳빳하게 풀 먹여 놓는 일을 1969년 시아버지가 세상을 떠날 때까지 해야 했다.

이명재는 아버지가 집안을 돌보지 않고 한량 생활을 하는 게 싫었다. 아무리 열심히 농사를 지어도 형편이 나아지지 않는다는 사실이 절망스러웠다. 그래서 어느 날은 자녀와 가족을 두고 도망가려고 계획까지 세웠다. 새벽에 집을 나와 마지막으로 새벽기도회에 참석하고 도망갈 작정이었다.

그런데 새벽기도회에서 눈을 감고 기도를 드리자 주님의 음성이 들렸다.

'내가 너의 하나님이다. 내가 너를 사랑한다.'

이명재는 그 음성을 듣고 감동과 회개의 눈물을 흘리고 다시 힘을 내었다. 하마터면 자녀들이 아버지 없이 자랄 뻔한 사건이었다.

4 고향에서의 열정적인 나날들

6·25전쟁 직후 대흥교회에 이상기 목사님이 부임하시자 교회가 부흥하기 시작했다. 초임의 젊은 미혼 목사님이라 청년들과 특히 소통이 잘 되어 그런지 교회에 활기가 넘쳤다. 이상기 목사님이 바이올린으로 찬송가를 켜시는 모습에 많은 성도가 큰 은혜를 받았다.

교회 일에 열심인 청년 이명재는 목사님을 도와 대흥교회의 모든 일을 도맡아서 했다. 그의 신앙의 모체가 된 교회이기에 관심과 애착이 지대했다. 목사님이 교회 일을 믿고 맡겼으며 학생들도 그를 잘 따랐다. 시골 개척교회라 할 일이 많았다. 새벽 종지기 봉사를 하며 교회학교 교장으로 학생들을 가르치고, 목사님이 출타하게 되면 예배 설교까지 맡아서 했다. 주일예배든 저녁 예배든 그가 제일 먼저 가서 준비하며 기다렸다. 1961년에는 권사로 임명되었으며 1955년에서 1969년까지 재정부, 교육부 관리부장을 역임했다.

당시는 등록금이 없어서 중학교도 못 가는 아이들이 많았다. 그래서 교회에서는 중학교 반을 세워서 아이들을 가르쳤다. 수업료도 받지 않고 가르치느라 교회도 힘들었을 텐데 그것을 사역으로 여기고 꿋꿋이 학교를 운영했다. 이천의 양정학교 교장선생님이 한 달에 몇 번씩 오셔서 가르쳐 주기도 했다.

이명재는 자녀들에게도 늘 하나님의 말씀을 가르치고 신앙의 중요성을 강조했다. 1960년대에 주일이 되면 자녀들에게 교회 갈 때 헌금하라고 1원짜리 동전을 쥐어주고는 했다. 둘째 딸 명신은 이 돈을 받아 주머니에 넣고 교회에 가는 길에 친구들로부터 군것질의 유혹을 받고는 했다. 하지만 아버지가 무서워 실행에 옮기지는 못했다. 아버지 이명재는 평소에는 절대 화를 내는 적이 없을 만큼 온화하고 자상했지만 신앙 문제에 있어서만큼 은 타협이 없고 아주 엄했다.

사촌 여동생 이칠재는 이명재와 함께 교회학교에서 교사 생활을 한 적이 있다. 명재 오빠가 집에 놀러 와 어머니와 신앙에 대해 대화하다가 고민을 토로했다.

"신앙에 대해 깊이 들어가면 들어갈수록 더 어렵고 힘이 들어요."

이칠재는 당시 그 말을 잘 이해하지 못했다.

'신앙에 대해 공부하면 공부한 만큼 더 쉬워져야지, 왜 더 어려워진다고 하는 거지?'

하지만 이칠재 권사는 세월이 흘러 나이가 들고 신앙생활을 오래 하면 할수록 그 말이 가슴에 와 닿는다고 했다.

이명재는 교회 일을 열심히 하면서 농작물 재배에도 몰두했다. 당시 농 사일에 크게 도움을 주신 분이 있는데, 그분은 바로 대한민국의 대표적인 농학자이자 농촌운동가인 류달영 서울대 농대 교수였다.

류달영 교수는 박정희 정권 당시 새마을운동의 전신인 재건국민운동본 부의 본부장을 맡아 농촌 개혁을 중심으로 국가를 재건해 나가는 데 크게 기여한 인물이다. 소설 『상록수』의 모델이 된 최용신과 함께 농촌계몽운동 을 벌인 것으로 유명하다. 그런 류달영 교수가 동네 절친한 친구의 형이었 던 것이다. 이명재는 류달영 형을 통해 농작물 재배 방법과 개량 방법에 대 해 배울 수 있었다.

농작물 품질 개량을 위해 끊임없이 노력하며, 어린 자녀들에게는 당근과 시금치가 왜 건강에 좋은지, 우리는 어떤 품종으로 벼농사를 짓고 있는지 등 농사교육을 시켰다. 농촌지도자 훈련을 받고 농촌의 삶을 개선하는 농촌운동에도 활발히 참여했다.

이명재가 무엇보다 열정적이었던 부분은 바로 교육에 대한 것이었다. 자녀들이 자라면서 자녀 교육으로 고민하기 시작했다. 본인 스스로 공부를 하고 싶었지만 전쟁과 넉넉지 못한 가정형편으로 인해 공부를 마음껏 할 수 없었던 점이 늘 가슴에 맺혀 있었다. 자식들만은 교육을 제대로 시켜서 더 나은 삶을 살게 하고 싶었다. 특히 이명재는 학업과 신앙 교육을 아내한테 맡겨두지 않고 자신이 직접 세심하게 챙겼다.

봄, 가을이면 학교에서는 학부모 간담회를 열었다. 이때 눈에 띄는 사람이 있었다. 어머니들 사이에 유일하게 서 있던 남자는 이명재였다. 종선, 명신, 종익, 종필은 국민학교 때부터 고등학교 때까지, 그러니까 학창시절 내내 학교 일에는 아버지 이명재가 참석했다. 친구들은 다들 엄마가 오는데 자기들만 아버지가 참석하니까 자녀들은 부담스러워 했다.

이명재는 아이들이 학교에 다녀오면 숙제가 뭔지 꼭 직접 확인하고 숙제를 도와주었다. 매일매일 필통 검사를 하고는 연필을 두 자루 이상씩 사용할 수 있도록 깎아서 넣어 주었다. 학교에서 시험 성적표를 받아오는 날에는 동구 밖까지 나와서 성적표를 보자고 했다.

둘째 딸 명신은 국민학교 3학년 때에 이천군 전체 국민학교 학력경시대회에 학교 대표로 나가서 만점을 받고 1등을 차지하기도 했다. 이때 가족이 서울로 이사하게 되었는데 학교 선생님이 '명신이는 데려가지 말고 학교에 남겨 놓았으면 좋겠다'고 했다. 이명재는 자식들이 공부 잘하는 것보다 기쁜 일이 없었다.

자녀들 입장에서는 좀 괴로운 일이었다. 국민학생 때였으니 얼마나 나가서 뛰어놀고 싶었겠는가. 그런데 아버지한테 붙잡혀서 집에서 공부를 해야 했으니.

학교 공부뿐 아니라 생활에 대한 예절교육도 엄격했다. 아이들이 아침에 늦잠 자느라 학교에 늦어서 급히 뛰쳐나가면 꼭 불러 세웠다. 늦어서 급한데 불러 세우는 아버지가 아이들은 야속하기도 했다. 아침에 야단맞고 울면서 학교 가는 자녀를 불러들여 '그래도 인사는 하고 가야지'라며 엄하게 예절교육을 시켰다.

이명재는 공부를 잘하는 자녀들을 보면서 고민이 깊어졌다. 좋은 교육기관 하나 없는 시골에서 교육이 되겠나 싶었다. 하지만 부모님을 도와 함께 짓고 있던 농사일을 접고 도시로 가는 일이 간단한 일은 아니었다. 고민 끝에 하나님께 기도를 드렸더니 하나님께서 응답을 해주셨다.

'서울로 나가서 자녀들을 공부시켜라.'

이명재는 용기를 얻어 결심했다. 어려움이 많겠지만 그래도 교육을 위해 서울로 가야겠다고. 시골에서 농사를 지어서는 자식들을 교육시키는 데에 아무래도 한계가 있을 수밖에 없다는 판단이었다.

5 자식들 교육을 위해 희생을 감수한 서울행

1969년 6월에 아버지가 돌아가신 것을 계기로 차근차근 이사를 준비했다. 이천의 집과 땅을 일부 팔아 서울 행당동에 집을 마련했다. 농사짓던 땅은 다 팔지 않고 일부 남겨 놓은 논농사를 작은아버지께 부탁드렸다.

그해 12월, 시외버스 뒷자리에 이불보따리와 이삿짐을 싣고 고향을 떠났다. 태어나 살아온 고향을 떠나 아무런 연고도 없는 서울로 상경하게 된 것은 오로지 자식들 교육을 위한 결단이었다.

서울시 성동구 행당동의 방 한 칸짜리 집. 그 집에서 이명재 부부, 4남매 이렇게 여섯 식구가 서울살이를 시작했다. 홀어머니는 천식을 앓고 계셔서 날씨가 따뜻해지고, 정착해서 안정되면 모시기로 했다. 작은 어머니가 막내아들을 출산하자마자 돌아가셔서 어린 시조카를 돌봐주어야 하기도 했다. 산동네라 버스도 들어오지 않아서, 어디 가려면 왕십리까지 한참을 걸어내려가서 버스를 타야 했다.

그 집은 특이하게도 공중수도가 딸린 집이었다. 당시에는 집집마다 수도가 없던 시절이었다. 수돗물은 행당동 산꼭대기에 있는 커다란 물탱크에서 공중수도 가게로 공급 되었다. 수도 가게에서 양동이 한 통에 1원씩 받고 팔았다. 사람들은 물을 사서 양동이로 날랐고 물장수는 물지게에 지고 배달을 했다.

시골에서 올라와서 당장 할 수 있는 일이 없으니 수도 가게는 생활의 버팀목이 되어 주었다. 나중에는 수도 가게 한쪽에 작은 잡화상 구멍가게도 내서 같이 운영했다.

성탄절에는 수도 가게 문 앞에 이렇게 써 붙였다.

서울로 이사한 행당동에서(1972년)

'축 성탄!'

'오늘 수돗물은 무료입니다.'

그러고는 물을 무료로 나눠 주면서 수도를 이용하는 손님들과 성탄의 기쁨을 누렸다. 형편이 어려운 산동네 주민들에게 1원짜리 물 양동이 하나는 귀한 선물이었다. 이 날은 아침부터 늦은 밤까지 쉬지 않고 수돗물을 틀어 놓아야 했다.

생계유지를 위한 최소한의 방법은 마련해 놓았으니, 이제 이명재는 교회를 찾으러 나섰다. 고향의 대흥교회는 감리교단 소속이었다. 어렵게 찾아낸 교회는 금호동에 있는 대현감리교회였다. 지금은 차로가면 가까운 거리지만, 그 당시는 좁은 산길을 굽이 굽이 돌아가야하는 집에서 금호동교회까지는 제법 먼 거리였다. 이명재는 대현교회로 이적한 뒤 이 세상을 떠날 때까지 43년을 섬긴다. 성가대장, 남선교회 회장, 교회학교 교장, 관리부, 사회봉사부, 선교부장을 역임했다. 눈이 오나 비가 오나 대중교통을 몇 번씩 갈아타면서 누구보다 먼저 가서 예배를 준비했다.

연세대학교 교정에서

"이명재 장로님은 지금도 앞으로도 다시없을 장로님이십니다."

교인들이 그를 보며 말했다.

서울에 정착하고 대현교회를 섬기기 시작한 후 이명재 장로는 이 교회의 개척자인 표순호 장로의 소개로 연세대학교에서 원예 일을 하게 되었다. 고향 이천에서 농업학교를 나왔고 류달영 교수에게 직접 배워 농작물을 재배하고 관리하던 솜씨로 연세대 교정을 관리했다. 그에게 원예 일은 힘들기보다는 즐거운 일이었다. 꽃과 식물을 가꾸며 취미 삼아 나무뿌리 같은 걸로 조각품을 만들었다. 손수 깎고 닦고 칠하며 만든 나무조각품들은 지금까지도 집안의 가보처럼 내려오고 있다.

한편, 고향 이천에 현대전자(현재 SK하이닉스)의 반도체 공장이 들어서게 되면서 요지부동이던 이천 땅값이 치솟기 시작했다. 평당 5천 원이던 땅값이 평당 만 원으로 껑충 뛰었다. 고향 사람들이 하나둘 팔고 나가기 시작했다.

1973년에 이명재 장로는 이천에 남아 있던 논을 팔아 서울에 마포아파트 한 채를 구입했다. 마포아파트는 대한민국 최초의 대단지 아파트였다. 1958년 서울에 종암아파트가 세워졌지만 이렇게 최신식의 대단지로 들어선 것은 최초였다.

그 아파트에 아내 최순배의 친언니인 최보배가 살고 있었다. 부연하자면, 최보배는 국군간호사관학교를 1기로 졸업하고 간호사관학교 교장을 역임하면서 국군간호사관학교의 초석을 놓는 데 큰 역할을 한 인물이다. 여군은 중령이 최고 계급이었는데 우리나라 여군역사상 여성대령 1호이기도 하다.

그 처형이 마포아파트를 사라고 권했다. 그 당시 마포아파트는 최신형 아파트라 대학교수, 연예인, 공직자 등이 거주하면서 중·상류층이 사는 곳으로 알려져서 월세가 높았다. 그래서 이명재 장로도 이천의 남은 땅을 팔아 마포아파트를 사서 월세를 놓았다. 마포의 옛 가든호텔 뒤편에 위치했고, 54번 버스 종점이었다.

홍민이라는 가수가 한창 뜰 때였다. 마포아파트에 입주한 그 세입자가 바로 '고별', '작별'이라는 노래로 70년대를 풍미했던 가수 홍민이었다.

국민학교 저학년이었던 막내아들 종필이의 어린 눈에도 마포아파트가 굉장히 좋아보였던가 보다. 종필이가 엄마한테 조용히 가더니 귀에 대고 속삭였다.

"엄마, 나중에 마포아파트 나 줘."

그 말에 온 가족이 웃음을 터뜨렸다. 그 당시 살고 있던 단독주택은 형 종익한테 주고 아파트는 자기에게 달라고 한 것이다. 여담이지만 종필이는 어렸을 때부터 경제관념이 뚜렷했다. 돈을 허투루 쓰지 않아서 항상 주머니에 돈이 있었다. 엄마가 돈 떨어지면 종필이에게 돈 꿔 달라고 할 정도였다.

6 아내의 보증 사고를 감싸 안고 수습하다

드디어 산동네를 벗어나게 되었다. 생활도 점차 안정되어 여유가 생겼고 살고 있던 집을 팔아서 면목동에 단독주택을 사서 이사했다.

면목동으로 이사한 후 무엇보다 기쁜 일은 큰딸 종선의 결혼과 둘째 딸 명신의 대학입학이다. 종선은 회사에 다니다가 사내 연애를 해서 23세에 일찍 시집을 갔다. 뒤에서 자세히 이야기하겠지만, 종선은 믿음이 없는 집 안으로 시집을 가서 이명재 장로의 마음을 많이 힘들게 했다. 그리고 둘째 딸 명신이 연세대학교 사회사업학과에 입학하게 된 것이다. 상업고등학교 를 나와 직장생활을 하다 늦게 들어간 대학이라 더욱 기뻤다. 그리고 가장 힘들었던 일은 사랑하는 어머니가 1982년 천국으로 떠나신 것이다. 기품 (氣品)있고 더할 수 없는 사랑을 베푸신 어머니에 대한 상실감은 너무 컸다.

면목동은 조용하고 살기에 나쁘지 않았는데 교회와의 거리가 너무 멀고 학교가 있는 신촌까지 교통이 불편했다. 그래서 면목동 집과 마포아파트를 팔아서 남가좌동 명지대학교가 보이는 이층집으로 이사를 했다.

남가좌동으로 이사한 후 또 아내 최순배의 보증 문제가 불거졌다.

행당동 살 때 아내가 남편도 모르게 친정 남동생한테 사채를 끌어다 돈 을 빌려준 것이다. 남동생이 하던 사업이 잘못되어 빚쟁이들이 행당동의 집까지 밀고 들어왔다. 그토록 온화한 성격의 이명재 장로가 화가 나서 밥 상을 엎어버렸을 정도였다. 평생 처음이자 마지막으로 아내에게 표출한 분 노였다.

힘든 시기가 지나가고 상황은 점차 수습되었다. 그저 열심히 일하고 아끼 고 모아서 이곳까지 온 것이다. 마당에 목련나무, 감나무 등이 있어서 봄이

최순배의 권사 임명식날

오면 목련이 하얗게 흐드러지고, 가을이 오면 감나무에 감이 주렁주렁 열리는 전망 좋은 2층집이었다.

아내는 대현교회 모 권사와 특별히 친하게 지냈다. 모 권사는 여성유명 브랜드에 의류를 완제품 형태로 납품하는 공장을 운영하고 있었다. 그런데 잘 나가던 사업이 어려워지자 친했던 아내한테 자금을 빌려달라고 사정했다. 매사 긍정적인 아내는 사정하고 매달리는 모 권사의 부탁을 거절하지 못하고 남편과 상의도 없이 남편 인감을 가져다가 보증을 서 주었다.

모 권사의 사업은 회복이 어려울 정도로 어려워졌고 그의 채무는 아내에게 돌아왔다. 보증으로 인한 채무를 변제하기 위하여 살고 있던 이층집을 팔고 홍은동으로 이사하게 되었다. 이명재 장로는 재산의 전부인 집을 처분해야 하는 상황임에도 겉으로는 묵묵히 받아들였다. 이 사실을 알게 된 명신이 관련자들을 상대로 내용증명을 보냈고 소송을 하자고 했는데도 조용히 손해를 감수하는 편을 택했다. 그저 속으로 인내하며 묵묵히 기도로 이겨내었다. 이 일에 대해 교회 내에서 이야기한 적이 없어서 교인들은 무슨 일이 있었는지도 몰랐다.

이렇게 보증 문제로 최 권사는 종종 이명재 장로의 마음을 쓰리게 했다. 최 권사가 마음이 너무 약해서 누가 찾아와 어렵다고 도와달라고 하면 그냥 돌려보내지 못 하고 남한테 돈을 빌려서라도 해주었다. 경제적 여유가 있어서 빌려주는 거라면 모를까 여유도 없으면서 남한테 빌려서라도 도와주는 게 문제였다.

한번은 명신이 너무 답답한 나머지 아버지에게 말했다.

"아버지, 차라리 엄마와 헤어지시고 편히 사세요."

하지만 이명재 장로는 고개를 저었다.

"내가 어떻게 그러냐. 자식들 때문에라도 그럴 수는 없다. 네 엄마도 잘해 보려다가 그렇게 된 거니 네가 이해했으면 좋겠다."

가족을 소중히 여기는 사람이었다. 아내가 속을 썩인다고 내칠 수는 없었다.

07 성실과 책임감으로 마친 학교에서의 나날

워낙 성품이 온유하고 성실하고 책임감이 강한 이명재 장로는 직장인 연세대로부터 좋은 평가를 받아 정규 직원이 되었다. 그가 근무하는 사무실에는 자생 난과 사계절 내내 꽃이 피는 아메리칸 바이올렛이, 벽에는 붓들이 가지런히 걸려 있었고 책상 위에는 늘 성경책이 놓여 있었다.

1971년 학교 정규직원으로 발령받은 후 연세대학교 복음 선교회에 들어가 교회전도,교직원예배, 교내 구제금 모금활동, 장애인 돕기와 구제활동에 앞장서서 활동했다. 1984년부터는 복음 선교회 부회장직을 맡아 91년 정년퇴임 시까지 맡은바 소임을 다했다. 이 때 함께 복음 선교회 활동을 했던 후배 동료는 복음 선교회의 활성화를 위해 열과 성을 다한 이명재 장로의 모습을 '믿는 자들의 본이요, 주님 일을 위해 헌신하는 예배자의 표상'이라했다.

초기에 근무했던 연세대 가정대학 건물은 교문에서 가장 위쪽의 외진 곳에 위치하고 있다. 이곳에서 야근하는 날에는 밤늦게까지 건물 앞에 외등을 켜놓고 의자를 가져다가 앉아서 책을 읽었다. 그러면서 밤늦게까지 공부하고 나오는 여학생들이 안전하게 귀가하도록 도와주었다.

마지막 근무지인 연세대학교 교회인 루스채플에서 은퇴할 때까지 오랫동안 근무했다. 루스채플은 주일예배가 이루어지고 다양한 신앙모임과 행사가 열리는 곳이다. 당시 루스채플의 윤병상 목사님은 함께 일한 지 40년이 넘은 지금까지도 이명재 장로를 선명하게 기억하고 있었다. 윤 목사님의 기억 속에서 이명재 장로는 삶이 성실 그 자체였고 신앙생활은 기본에, 매사에 열심인 훌륭한 사람이었다.

이명재 장로의 붓글씨 솜씨는 직장에서도 유명했다. 여기저기에서 붓글

근무지였던 루스채플 사무실에서

씨를 써달라고 요청하는 곳이 많아서 틈틈이 먹을 갈고 글씨를 썼다. 매주 금요일마다 대학교회 주일예배를 준비하면서 설교 제목과 설교자 이름을 붓글씨로 썼다. 그 안내문은 학교 백양로 입구에서 예배를 알리는 역할을 했다. 루스채플에서는 매년 여름방학 때 목회자 세미나를 개최했다. 세미나가 열리기 전부터 필요한 자료를 준비하고 진행하면서 세세미나 수료증도 일일이 그의 수고를 통해 만들어 졌다. 이 수고는 은퇴 후에도 학교 측의 요청으로 계속되었다. 그 당시는 컴퓨터가 없던 때라 모든 작업을 수기로 해야만 했던 시기이다. 그의 뛰어난 붓글씨가 학교 행사를 빛나게 했다. 이명재 장로가 평생 애용했던 묵과 벼루 그리고 붓과 화선지가 그가 사용하던 책장 안에서 지금도 주인을 기다리고 있다.

지금은 고인이 되신 박대선 전 연세대총장님은 이명재 장로에 대해 이렇게 말했다.

"이명재 장로님은 학교에서 참으로 귀하고 훌륭하신 분이셨습니다 그의 믿음은 본받을 만합니다."

8 양보 없는 새벽기도와 가정예배

'찬양 성부 성자 성령 성 삼위일체께 영원무궁하기까지 영광을 돌리세 영광을 돌리세.'

새벽 4시. 아직 어두운 거실에서 개정 전 찬송가 6장의 노랫소리가 울려 퍼졌다. 1년 365일 이명재 장로가 새벽 4시만 되면 일어나 찬송과 기도로 하루 일과를 시작하는 소리였다. 교회에서 드리는 새벽기도회(오전 5시)에 참석하기 위해 준비하는 시간이다.

한겨울에도 찬송 소리는 그치지 않았다. 단독주택이라 겨울이면 외풍이 들어 꽤 추웠지만 이명재 장로는 아랑곳하지 않았다. 그는 차가운 거실 마룻바닥에 앉아 새벽마다 찬양과 기도로 새벽예배를 준비했다. 덕분에 이명재 장로의 찬송 소리에 온 가족이 잠에서 깨거나 뒤척이고는 했다.

오전 6시경 새벽기도회를 마치고 교회에서 집으로 돌아오면 성경을 읽었다. 예전에는 성경에 앞서 신문을 펼치던 습관이 있었으나 그것도 단호하게 깨뜨렸다. 직접 만든 작고 아담한 원목 책상에 앉아 손때 묻은 낡은 성경책을 읽은 후 하루 일과를 시작하면 마음이 평안하고 힘이 났다.

하루의 시작이 새벽 4시의 찬송과 기도였다면, 하루의 마무리는 밤 10시의 가정예배였다. 밤 10시에는 매일 가족과 함께 가정예배를 드렸다. 이를 위해 말씀을 준비했고 성경과 더불어 신앙서적은 설교의 자양분이 되었다. 가정예배가 끝나면 서재로 들어가서 또 개인 기도를 드렸다. 그의 하루 일과는 이렇게 찬양으로 시작해 기도로 마무리 되었다.

온 가족이 모여앉아 진실한 믿음으로 매일 가정예배를 드리는 것이 그의 기쁨이자 소원이었다. 4남매 모두 모태신앙으로 교회를 꼬박꼬박 다니기는 했지만 아직은 믿음이 절실하지 않았다. 그저 교회에 왔다 갔다 할 뿐이었다. 가정예배도 어렸을 때부터 해왔지만 아이들은 틈만 나면 빠지려고 꾀를 부렸다.

자녀들은 혈기 왕성한 20대 청춘이 되자, 밤마다 꼬박꼬박 가정예배에 참석하는 일을 부담스러워했다. 큰딸은 일찍 시집을 가면서 예외가 되었지만, 나머지 세 자녀들은 꼼짝없이 밤 10시 전에 귀가해 가정예배를 보아야 했으니 쉽지 않은 일이었다. 특히 아들들한테 밤 10시는 친구들이랑 신나게 술 먹고 놀고 있을 시각이었다.

자녀들은 가정예배에 참석하기 싫은 날은 일부러 밤 10시가 넘어서 느지막이 귀가했다. 대문 밖에서 가정예배가 끝날 때까지 기다리다 들어간 적도 많았다. 자식들의 그러한 고충에도 이명재 장로는 타협이 없었다. 신앙문제에 있어서만큼은 절대로 타협이 없는 사람이었다.

이명재 장로는 예배를 드리는 것으로 그치지 않았다. 신학을 좀 더 깊이 공부하고 싶었다. 공부하면 공부할수록 어려운 것이 신학이었다. 연세대에서 은퇴할 무렵에는 대학에서 정식으로 신학을 공부하고 싶어 알아보았다. 평생 학구열이 넘쳐서 공부할 기회를 엿보던 사람이었다. 자녀들 공부를 위해 자신의 공부는 희생해 왔지만 그래도 포기하지 않고 독학으로 일본어, 영어, 한문을 익혔다. 서예도 독학으로 배워서 붓글씨와 난치기가 수준급이었다. 이제는 자녀들도 다 컸고 은퇴해서 여유가 있으니 신학을 제대로 공부해 보고 싶었다. 그러나 이천공립농업학교 과정이 고등학교 학력으로 인정되지 않아서 정규 신학공부는 끝내 포기해야 했다.

그럼에도 이명재 장로의 학구열은 사그라지지 않았다. 성경을 틈틈이 읽었고, 성경을 읽을 때에도 허투루 읽지 않았다. 성경을 매일 읽으면서 그때

시간이 나면 어디서든 책을 읽고 있는 모습

마다 성경사전 대여섯 권과 지도를 같이 펼쳐 놓고 지명이 나오면 일일이
확인하며 보았다. 2000년 5월에 이스라엘 성지순례 여행을 갔을 때 현지
가이드보다 이명재 장로가 성경에 근거한 설명을 더 정확하게 해서 일행을
놀라게 했다. 이후 순례 일정 동안 가이드의 부탁으로 이명재 장로가 유적
지를 설명하고 주일 예배 인도까지 맡아 했다.

자녀들과 조카들이 여름이면 집 마당이나 아파트 앞에 의자를 내놓거나
벤치에 앉아 시원한 바람을 맞으며 저녁까지 성경이나 신앙서적을 읽고 계
시는 아버지를 목격하는 것은 일상이었다.

한 달에 한 번씩은 서점에 들러서 신앙서적을 구입해 읽었다. 좋은 책을
읽으면 너무나 은혜로워 감동이 밀려왔다. 감명 깊었던 책은 꼭 사서 자녀
들과 교인들에게 선물해 주었다. 그것이 그의 커다란 기쁨이었다. 하나님께
서 그때그때 꼭 필요한 신앙서적을 보내주시어 메마른 마음을 생명수로 촉
촉이 적셔 주셨다.

특히 미우라 아야꼬(三浦綾子)에 깊은 감동을 받아 그의 책은 한 권도 빠

짐없이 모두 읽었다. 집에서는 물론 가방에 성경과 신앙서적을 넣고 다니며 버스나 지하철 등 어디에서나 쉬지 않고 읽었다.

이명재 장로는 그렇게 책을 사랑했고, 나이가 들수록 읽은 내용을 자주 잊어버리게 되니 하나님께 선명했던 기억력을 되돌려 주십사고 기도했다. 감동적인 글귀나 내용을 잊어버리는 게 안타까워 읽고, 또 읽으며 마음에 새기고 메모했다. 그리고 하루도 빠짐없이 책상에 앉아 일기를 쓰며 하루를 반성하고 내일을 준비했다.

드라마 같은 거 볼 시간에 성경 한 줄이라도 읽는 게 더 재미있었다. 무엇이든 주님보다 더 사랑하면 그것은 우상이라고 생각했다. 그럼에도 가끔은 TV가 주는 즐거움에 빠져들기도 했지만 그때마다 마음을 다잡고 다시 성경책을 붙잡았다. 유일한 TV 시청은 가끔 보는 9시 뉴스가 전부였고 주로 기독교방송, 극동방송을 끼고 살았다.

기독교 방송을 듣다가 설교내용에 감동을 받으면 설교테이프를 주문해서 반복해서 듣고는 자녀들에게도 들어보라고 권했다. 집에 들으시던 설교테이프만 한 박스였다. 신앙서적처럼 설교와 찬양테이프도 자녀들과 주변 사람들에게 선물하는 것이 일상이었다. 이명재 장로가 본향으로 돌아간 뒤 큰딸이 유일하게 욕심내며 챙긴 것은 아버지의 유품 중 손때 묻어 반질반질한 성경책이었다.

9 믿음의 배우자를 만나라

자녀들이 고등학교 다닐 때였다. 이명재 장로는 4남매를 나란히 앉혀 놓고 당부했다.

"앞으로 배우자를 만날 때 공부가 부족하거나 장애가 있거나 나는 상관하지 않겠다. 단 한 가지, 믿음의 배우자를 만나야 한다. 신앙이 없는 자와 절대 결혼은 안 된다."

4남매는 아직 어릴 때라 결혼이 머나먼 이야기였기에, 아버지의 그러한 당부를 대충 흘려들어 버렸다. 그리고 큰딸과 두 아들 모두 믿음이 없는 배우자를 만났다. 작은딸
은 늦게까지 결혼을 하지 않았으니 예외였고.

면목동에 살던 시절이었다. 큰딸인 종선이 직장에 다니고 있었는데 사내 연애를 하게 되었다. 종선의 나이 겨우 23세였는데 결혼을 하겠다며 허락을 구하는 것이었다. 별다른 일탈 한번 하지 않고 자랐던 착실하고 올곧은 성격의 딸이었다.

어떤 남자냐고 물으니, 남자가 신앙이 없을 뿐더러 집안이 불교 집안이라고 했다.

"다른 건 다 이해해도 신앙 없는 집안과의 결혼은 절대 안 된다."

이명재 장로는 결혼을 반대했다. 더군다나 시아버지 되실 분이 학교 교장이었는데 독불장군 같은 성격이고 시어머니는 불공과 시주에 정성을 다하는 아주 철저한 불교신자였다. 그러니 그런 집에 더더욱 딸을 보낼 수가 없었다.

이명재 장로는 두고 볼 수만은 없어 큰딸 모르게 그 남자한테 연락해서

만났다. 남자의 이름은 이승태였다. 찻집에서 그와 마주 앉아 어떡할 거냐고 물었다.

"우리는 기독교 집안이고 거기는 불교 집안인데 내가 딸을 어떻게 보내겠는가. 자네가 포기해 줄 수 없겠나?"

하지만 이승태로서도 쉽게 포기할 수 없었다.

"그럴 수는 없고, 그러면 저를 전도해 보세요."

하면서 진지하게 말하는 것이었다. 장인어른이 될 수도 있는 분한테 자기를 전도해 하나님을 믿게 해 보시라니, 아주 배짱이 좋고 적극적인 성격이었다.

이승태는 농담처럼 던진 말이었는데, 바로 그날부터 이명재 장로는 그를 위해 기도하기 시작했다. 그를 신앙의 길로 성령이 인도해주시기를 간절하게 기도했다.

이명재 장로가 결혼을 반대하니 결국 종선과 남자가 앓아누워 버렸다. 얼마 뒤에는 그의 누나가 집으로 찾아왔다. 남동생이 너무 힘들어하니까 이러다 잘못되겠다 싶었나 보았다.

"저만 믿으세요. 종선이도 교회에 계속 다니게 해주고 승태도 교회에 다니도록 제가 보장할게요."

누나의 설득에 이명재 장로는 마음이 움직였다. 앓아누운 딸을 보며 마음이 아프기도 했다. 그래서 차마 더이상 반대하지 못하고, 신앙을 보장해주겠다는 말만 철썩같이 믿고 결혼을 허락하기로 했다.

이명재 장로는 종선을 앉혀 놓고 말했다.

"결혼해라. 결혼하되 네 고집대로 하지 말고 시부모님께 절대적으로 순종해라. 그리고 마음속에서 예수님은 절대 놓지 말아라."

종선 국민학교 졸업기념

　그렇게 해서 종선은 이승태와 결혼해, 시집으로 들어가 시부모님을 모시고 살게 되었다.

　그런데 이게 무슨 일인가.

　결혼식을 딱 치르고 나니까 시댁에서 종선이를 교회에 못 가게 하는 것이었다. 게다가 종선이 시댁에 들어가 살면서 보니 그 집안이 보통의 평범한 불교 집안이 아니었다. 할머니 대에서부터 내려오던 불교 집안이었다. 시어머니는 때 되면 목욕재개하고 절에 불공드리러 가고, 방생하러 가는 분이었다. 부처님오신 날에는 절에 가서 100만 원짜리 연등을 매달았다. 시집은 3층 양옥집으로, 2층 전체가 넓은 응접실이었는데 그 응접실 코너에 커다란 불상이 자리 잡고 있었다. 벽에는 달마도가 떡하니 걸려 있었는데 그게 1000만원짜리 그림이라고 했다. 또, 무슨 날이 되면 옥상부터 지하까지 밥을 새로 지어 놓아두고 술 뿌리고 하는 것이었다. 시어머니가 점도 자주 보러 다녀서 단골 점쟁이까지 있었다.

　나중에 알고 보니 시어머니가 그 불상에 대고 매일 비셨단다. 예수 믿는

며느리지만 앞으로는 예수 믿지 말고 부처님 믿게 해달라고 불공을 드렸다고 한다.

결혼하고 나서 어느 날, 그 집에서 종선의 친정 부모님을 초대했다. 이명재 장로 부부가 딸이 결혼해 살고 있는 집에 가 보게 된 것이다.

이명재 장로가 거실에 앉아서 그 집을 둘러보았다. 거실의 커다란 불상이며, 벽에 걸린 달마도며 사방이 불교용품으로 둘러싸여 있었다.

이명재 장로는 집에 돌아가서 그날 밤 잠을 이루지 못했다.

"불교 집안인 줄은 알았지만 그 정도인 줄은 몰랐다. 일반 불교 집이겠거니 생각했지 그 정도인 줄은 몰랐다."

하지만 이미 어쩔 수 없는 일이었다.

종선은 결혼한 뒤 무려 7년 동안 교회에 가지 못했다. 시부모님이 무서워서 뜻을 거스르고 교회에 갈 수가 없었다. 다른 친구들을 보면 시부모님 뜻을 거역하고 꿋꿋이 교회에 다닌 친구들도 있었다. 하지만 여리고 유순한 성격의 종선은 감히 시부모님께 대들지를 못했다.

친정아버지의 말씀만 마음에 새기고 또 새길 뿐이었다. 결혼하되 네 고집 부리지 말고 시부모님께 순종하라는 말씀. 대신에 마음속에서만은 예수님을 놓지 말라는 말씀 말이다.

종선은 그저 마음속으로 예수님을 부르짖었다. 사실 결혼 전에는 모태신앙이라 교회는 빠지지 않고 출석했지만 간절한 믿음은 없었다. 아버지 때문에 교회만 왔다 갔다 했을 뿐이었다. 시부모님이 불교 신자인 걸 알았어도 크게 신경 쓰지 않고 덜컥 결혼해 버린 것도 그래서였다.

그런데 호된 시집살이를 하게 되고, 당연한 줄 알았던 교회에도 출석을 못하게 되니 믿음이 너무나 간절해졌다. 어려움이 닥치니까 화장실에 숨어서라도 간절하게 기도를 하게 되었다.

어린아이들이 대개 교회만 왔다 갔다 하는데 이제 와 생각하니 그것도 의미 없는 일이 아니었다. 아버지 때문에 교회를 기계적으로 왔다 갔다만 했다고 생각했는데 그렇게 다녀놓았던 게 정말 기도가 필요해지고 간절해졌을 때 큰 도움이 되었던 것이다. 외워 두었던 성경 말씀이 가슴속에서 샘솟았고 성령이 임하시어 괴로움을 치유해주는 듯했다.

이명재 장로는 그런 큰딸과 시댁을 위한 기도를 이어나갔다. 교회 예배에서도 가정예배에서도 그 기도를 빼놓지 않았다. 그 기도가 하나님을 감동시킨 것일까.

결혼한 지 7년 만인 어느 날이었다. 시아버지가 며느리 종선에게 성경책을 선물해 주면서 말했다.

"이제 교회에 다녀도 된다."

종선은 너무 놀라 얼떨떨한 마음으로 성경책을 받아들었다. 더 놀라운 것은, 시아버지가 종선의 신앙을 허락해준 것만이 아니었다. 본인도 개종을 해서 교회에 가겠다는 것이었다.

그 기쁜 소식을 아버지 이명재 장로에게 전했더니, 아버지가 당장에 성경책을 제일 큰 걸로 사서 들고 찾아오셨다. 그 책을 사돈한테 선물해 주면서 두 손을 꼭 붙잡았다.

"감사드립니다. 정말 감사드립니다."

그제야 이명재 장로는 하나님께서 종선을 이 집안과 연을 맺게 해주신 그 깊은 뜻을 헤아릴 수 있을 것 같았다.

시댁에서 불교용품을 처분하려고 다 끄집어내니 한 트럭이 나왔다. 웬항아리도 나오고 옥으로 된 염주도 나오고 별의별 불교용품이 다 나왔다.

학교 교장이다 보니 무슨 일이 있을 때마다 교사들이 선물도 많이 줬는데, 불교 신자라 불교용품을 많이 줬던 것이다. 학교에 바자회 같은 행사가 있어 불교용품을 트럭으로 싣고 가서 다 기증해 버렸다.

지금은 종선의 시댁 온 집안이 기독교로 개종했다. 시아버지가 워낙 독불장군으로 무섭고 내 말이 곧 법인 사람이다 보니 좋은 점도 있었다. 시아버지가 "가자!" 하시면 누구도 거부하지 못하고 따라나서야 했던 것이다. 시아버지는 아예 봉고차까지 구입했다. 주일에 아들, 며느리, 손주들을 한꺼번에 태우고 교회에 가기 위해서였다.

며느리가 매주 천 원씩 헌금하는 것 가지고도 뭐라고 하던 분이, 이제는 자기가 직접 은행에 가서 빳빳한 새 돈으로 바꿔 와서 헌금을 드렸다. 시아버지는 연천에 큰 산을 소유하고 있었다. 278정보였는데, 한 정보가 3000평씩이니 어마어마한 규모였다. 그것을 기도원 지으라며 교회에 기부하기에 이른다. 며느리의 주일예배 참석을 금지시키고 헌금 낸다고 불같이 화내던 사람이 그 엄청난 땅을 교회에 아낌없이 내놓은 것이다.

현재 남편 이승태는 장로이다. 시아버지는 장로로 시어머니는 권사로 교회를 섬기시다 소천하셨고 시동생, 시누이들 그리고 자손 모두 교회를 신실하게 섬기고 있다.

사위 이승태 장로는 가끔 우스갯소리로 말하고는 한다.

"우리 집안이 아주 고집스러운 집안인데, 장인어른의 기도가 우리 집안 종교(불교)를 싹 다 무너뜨렸어."

10 어이없이 허물어진 전 재산

큰아들 종익은 한복디자이너이다. 어렸을 때부터 그림에 소질이 있었다. 누나들도 그림을 잘 그리는 편이었는데 종익의 그림솜씨는 더 특별했다. 결국 종익은 재능을 살려 예술학교를 졸업했다.

그즈음 한복에 동양화를 그려 넣는 게 유행을 타면서 이리자 디자이너의 한복에 종익의 동양화 작품이 들어가게 되었다. 종익이 직접 이리자의 한복에 그림을 그려 넣었는데, 그게 히트를 쳤다. 유명한 여성잡지 표지에 종익의 한복이 등장하기도 했다.

작품이 워낙 유명해지니까 종익은 직접 사업을 하기로 마음먹었다. 한복 제작 공장은 평내에 있었고 매장이 필요했다. 이명재 장로는 상호로 '루디아한복'을 제안했는데, 종익은 '이종익 아트'라는 이름으로 서초동에 한복 의상실을 크게 냈다. 한참 사업이 잘 될 때에는 세일 시 하루 매장 매출이 5000만원씩 나오기도 했다.

사업은 점차 번창했다. 강원도 원주시 문막읍에 3000평의 땅에 600여평의 공장을 세워 이곳에서 염색을 비롯 모든 한복 제작 공정이 이루어 졌다. 중국과 베트남에 공장이 있었는데 중국 공장에는 직원이 100명이 넘었다. '이종익 아트' 가맹점이 전국의 대도시와 미국에까지 개설되었다. 한복 분야에서 우리나라에서 최초의 기업화요, 최대의 사업규모였을 것이다.

그 시기에 이명재 장로는 연세대에서 정년퇴직을 맞았다. 1971년에서 1991년까지 20년을 근무했으니 퇴직금도 제법 되었다. 그 퇴직금을 연금으로 다달이 받을까, 한꺼번에 찾아서 은행에 넣어놓고 이자를 받을까 고민하고 있었다. 당시는 은행 이자가 꽤 높던 시절이었다. 명신이 계산을 해 보더니, 다달이 연금으로 받는 것보다 한꺼번에 받아 은행에 넣어두고 이자를 받아 생활하는 편이 더 낫다고 했다.

계산은 맞았다. 이명재 장로는 퇴직금을 일시불로 받아 은행에 예치했다. 이제 다달이 은행 이자를 받아 생활비를 충당하면 되었다. 하지만 그는 이 일을 두고두고 후회하게 된다.

한 번도 경험해 보지 못한 IMF가 쓰나미처럼 덮쳤다.

국가 경제위기가 닥치면서 IMF 구제금융을 받게 되고 은행에서 돈줄을 조이면서 대출이 일시에 막혀 버렸다. 종익이 10억을 융자받아 공장과 빌라를 지으려고 일을 크게 벌려 놓은 상태였다. 융자를 약속했던 은행 2곳에서 대출 불가 통보를 받았다. 당장 돈을 메울 방법이 없어 사채까지 끌어쓰다 보니 속수무책으로 빚이 불어났다.

서울과 문막 공장을 왕래하면서 공장 환경 정리를 해주고 있던 이명재 장로는 너무나 마음이 아프고 걱정스러웠다. 자식에게 도움을 줄 수 있는 형편이 못 된다는 사실이 가장 가슴 아팠다. 하나님께 기도하며 맡겨드릴 수밖에 없었다. 날마다 종익을 위해 기도했다.

어느 날 '이종익아트'의 실장으로 살림을 맡고 있던 큰며느리가 집으로 찾아왔다.

"아버님, 은행보다 이자 더 드릴게요. 한 번만 도와주세요."

다 죽어가는 얼굴로 사정하는데, 아버지 된 입장에서 외면할 수가 없었다. 퇴직금은 이명재 장로 부부의 노후를 위한 유일한 자금이었으나 일단 아들은 살리고 봐야 했다. 결국 은행에서 퇴직금을 찾아다가 며느리에게 건넸다. 처음에는 이자를 꼬박꼬박 주었다. 그것도 잠시, 이자뿐 아니라 나중에는 원금도 돌려받지 못하게 되었다. 퇴직금이 물거품처럼 사라져 버렸다.

당시 이명재 장로는 연희동에 살다 성산동으로 이사해 25평짜리 시영아파트에서 살고 있었다.

종익 사업의 위기는 계속 찾아왔고 이번에는 집 보증으로 융자를 해달라고 부탁했다. 이 아파트가 남아 있는 최후의 자산이었음에도 이명재 장로는 이번에도 고민을 거듭한 끝에 해달라는 대로 해주고 만다.

결국 아파트는 경매로 넘어갔다. 20년을 근무하며 아끼고 절약해서 모았던 전 재산이 흔적도 없이 흩어졌다. 비상금도 내놓고, 본인의 장례비용으로 모아둔 마지막 돈 1700여만 원까지 내놓았다. 이제 나이가 들어 어디 취직할 수도 없었다. 형의 사업이 막 일어나니까 막내인 종필도 이 사업에 뛰어들었다. 살던 집까지 빼서 투자하고 공장에 직원용으로 지은 빌라로 들어가는 등, 전 재산을 그 사업에 걸었다. 명신도 신림동에 소유하고 있던 아파트를 담보로 돈을 빌려주었고, 종선도 어음할인을 해줬다가 잃었다.

사업이 파산하자 자식들이 다 뿔뿔이 흩어지게 되었다. 종익과 종필이 믿음이 없는 배우자를 만나 결혼했어도 아내들은 시댁과 남편을 따라서 교회에 성실하게 다녔다. 그러나 사업이 잘못된 후 배우자들은 가정을 떠났다. 그나마 다행인 것은 아들이 기소는 되지 않았다는 것이다. 개인적인 편취는 없었다는 뜻이다.

성산동 집이 처분되기 전날 밤 이명재 장로는 하나님께 기도드리며 많이 울었다.

막내 종필은 그런 아버지를 보다 못해 말했다.

"아버지, 어차피 이런 상황이면 구제할 길도 없고, 아버지도 저희도 이걸 도로 살릴 방법이 없어요. 경매까지 넘어간 건 이제 포기하시고 저랑 갑시다."

그렇게 집을 정리하게 되었다.

막내아들도 오갈 데 없는 상황이었다. 신용이 좋았던 종필은 친구들의 도움으로 교문리 언덕 위에 방 세 개짜리 전셋집을 얻어 부모님을 모셨다. 경기도 남양주시 마석에 작은 공장도 얻었다. 그리고 형이 파산하고 남은 물건들을 가져다가 독립적으로 사업을 이어갔다. 이명재 장로는 아들의 공장에 다니며 한복 다림질을 맡아서 도왔다.

다행히도 종필의 사업이 조금씩 풀려서 경제적으로 여유가 생기기 시작했다. 마석에 아파트도 분양 받아서 그 집에서 부모님을 모시고 십여 년을 살았다.

그 당시에, 명신은 필리핀에서 살면서 미쓰비시 스포츠카를 소유하고 있었다. 안타까운 마음에 먼저 차라도 팔아서 보내드리고 귀국해서 도와드리고 싶다고 했더니 아버지가 말했다.

"올 거 없다. 걱정하지 말아라. 이번 고난을 통해 나는 하나님의 은혜를 깊이 체험하게 되었다. 고난이 없었다면 이런 하나님 은혜를 경험하지 못했을 거다. 고난이 오히려 축복이다."

그 와중에도 이명재 장로는 모든 불안과 두려움, 고통을 은혜와 말씀으로 물리칠 수 있었던 것이다. 말씀이 전신갑주가 되어 영혼과 심령을 위로해 주고 있었다. 오직 믿음, 오직 말씀, 오직 은혜만이 삶에 승리를 가져오게 할 수 있음을 믿었다.

11 자상한 남편이자 최고의 효도 아들

    세월은 꿈처럼 흘러가 18세, 17세에 결혼한 이명재 부부는 어느덧 60년을 함께했다.

    아내 최순배 권사는 국민학교 동급생이었던 남편이 평생 어려웠다고 고백한다. 이명재 장로는 성품상 아내뿐 아니라 누구에게도 화를 내거나 거친 언사를 사용하지 않았는데도 최 권사는 평생 남편을 어려워하며 숨죽이며 살았다. 사람 사귀는 것을 좋아하고 말하기를 좋아하는 성격이었는데도 남편 앞에서는 순한 양처럼 살았다. 아마도 남편의 꼿꼿한 성격, 허튼소리는 절대 하지 않고 말보다 행동으로 보여주는 언행일치의 모습에 저절로 고개를 숙이게 되었던 것 같다.

    아내는 젊었을 때 몸이 자주 아팠다. 아내가 병이 나거나 입원할 경우 이명재 장로가 식사를 비롯해 집안일을 도맡아 하였다. 자식들이 엄마에 대해 불평이라도 할라치면 '엄마가 힘들어서 그러니 네가 이해해라' 하며 늘 아내 편을 들었다. 장손으로 평생 집안 대소사가 많았는데 그 큰 살림을 너끈히 감당해준 아내에 대한 고마운 마음을 간직하고 살았다. 다 큰 딸자식들이 있는데도 자신이 상을 차리고 청소도 하였다. 다림질도 항상 자기 것뿐 아니라 아내 옷까지 다려주었다. 깔끔한 성격이라 신발이고 옷이고 먼지 하나 없이 깔끔하게 입고 다녔다. 집 근처 식당에 갈 때에도 빳빳하게 다린 셔츠에 면바지를 입고는 빵모자를 쓰고 나갈 정도로 멋을 아는 사람이었다.

    그리고 마지막 입원하기 전까지도 저녁마다 아내를 마사지 해주었다. 이명재 장로에게는 그 시간이 행복이었다. 어머니 돌아가시기 전에 어머니가 좀 더 편안히 주무시도록 팔다리를 주물러 드리지 못한 것이 가슴에 한이 맺혀 있었다. 어머니께 못 해드린 그 일을 아내에게는 직접 해줄 수 있어서 마음이 평안하고 행복했다. 아내의 힘을 덜어주고 피곤을 덜어주고 아내를 위한 일이라면 무슨 일이든 기쁜 마음으로 했다.

심지어 본인이 치매가 온 뒤에도 아내 마사지만큼은 잊지 않았다. 그 정도로 사이가 좋았고 남편은 아내를 아끼며 사랑했고 아내는 남편을 어려워하고 존경했다. 교회에 갈 때면 교회 앞 횡단보도를 건널 때마다 아내의 손을 꼭 잡고 건넜다. 어떤 젊은 연인보다도 다정하고 아름다운 노부부의 모습에 교인들이 감탄하고는 했다.

다만 이명재 장로는 걱정이 너무 많은 성격이었다. 스스로도 신경과민이 아닌가 할 정도로 늘 노심초사했다. 타고난 성품이거나 군대에서 생사가 오가는 경험을 하면서 예민해진 듯했다. 또한 인생 말년에 경험한 어려움도 영향을 미쳤을 수 있다. 워낙 세심하고 꼼꼼한 성격이라 더 그런 상황을 받아들이기 힘들었을 것이다.

"아버지, 믿음이 있는데 왜 걱정을 하세요."

둘째 딸 명신이 아버지에게 말했다. 맞는 말인 걸 알면서도 이명재 장로는 시시각각 밀려오는 걱정과 씨름해야 했다. 자녀들이 귀가가 늦으면 귀가할 때 까지 안절 부절하며 잠을 자지 못하는 반면에 최 권사는 때가 되면 들어오겠지 왜 걱정하느냐며 쉽게 잠들었다. 이명재 장로의 염려와 걱정은 그의 신앙생활에서 가장 극복하기 어려운 평생의 과제였을 것이다.

이명재 장로는 아내가 너무 세상 것을 좋아하는 것 같아서 염려가 되었다.

"나는 네 엄마가 천국에 확실히 갈 수 있을지 모르겠다."

하면서 진심으로 걱정했다.

어디서나 바늘과 실처럼 함께 한 이명재 장로와 아내 최순배 권사

최 권사가 성경을 빨리 못 찾는 것도 여간 답답한 게 아니었다. 가정예배를 드리다가 성경 몇 장 몇 절을 찾아보라고 하면 그걸 단박에 못 찾고 헤매는 것이었다. 평소에 성경을 얼마나 안 읽으면 그럴까 싶었다.

"권사가 돼가지고 성경 한 번 읽는 걸 본 적이 없다."

하면서 혀를 끌끌 찼다. 비난이 아닌 진심으로 아내를 신앙적으로 걱정하는 아쉬움 가득한 한탄이었다.

자녀들은 부모님의 부부싸움을 평생 딱 한 번 봤다고 한다.

아내 최 권사도 남편을 따라 모든 신앙생활을 부부가 함께 했다. 하지만, 최 권사가 유일하게 즐겨보는 TV 프로그램이 있었는데 바로 KBS1에서 하는 '가요무대'였다. 월요일 밤 10시만 되면 텔레비전을 켜서 그 프로그램을 시청하는 것이 커다란 낙이었다.

신림동에 살고 있던 그날도 최 권사가 재미있게 가요무대를 보고 있는데, 이명재 장로가 한마디 했다.

"권사가 돼서 성경은 안 읽고 그런 걸 보고 있어?"

이명재 장로가 아내에게 시비 걸듯 말한 적이 없었는데 어지간히 답답했
는지 목소리가 퉁명스러웠다. 밤 10시면 가정예배를 드릴 시각이었는데 가
요무대만 보고 있으니 화가 났던 것이다.

그러자 남편에게 늘 순종하던 최 권사가 처음으로 남편에게 대들었다.

"이거 하나 보는데 그걸 못 보게 해! 내가 여태까지 나를 위해서 뭐 하나
하는 것도 없었고, 유일하게 좋아하는 게 이거 하난데 못 보게 하냐고!"

그렇게 싸우고는 한 달 동안 두 사람은 말을 안 했다.

사실 부부간이라서 먼저 사과한다는 것이 더 쉽지 않았지만 남편이 먼
저 자존심을 내려놓았다. 그 뒤부터 사과의 의미로 월요일 밤이 되면 이명
재 장로는 웃으며 '최 권사 가요무대 봐야지' 하며 알아서 TV를 켜고 KBS1
에 채널을 맞춰 주었다.

최 권사의 '가요무대' 사랑에 대해 좀 더 부연해 보자. 나중에 명신이 동
해시에서 부모님을 모시고 살 때였다. 당시 큰딸 부부가 필리핀에서 선교
활동을 하고 있었다.

종선은 시집살이를 오랫동안 해 본 입장이라, 시부모 모시고 사는 것도
힘들지만 치매 걸리신 친부모 모시고 사는 것도 힘든 면이 있을 거라 생각
하고 잠시나마 명신이 해방 좀 시켜주자는 취지로 부모님을 필리핀으로 초
청했다.

그런데 최 권사는 필리핀에 오자마자 넘어져서 허리를 다치게 되었다. 그
덕에 일어나지 못하고 방에 누워 지냈는데, 가요무대 할 시간이 되자 종선
이 혹시나 해서 물었다.

"엄마! 가요무대 하는데 보실래요?"

그랬더니 끝내 부축을 받고 힘겹게 나오더니 누워서 보는 것이었다. 외국

에서라도 기를 쓰고 볼 정도로 '가요무대' 광팬이었다.

신앙 면에서 아내를 염려했지만 그래도 항상 아내한테 고마워했다. 휴일에는 아들 며느리나 손주들이 낮 11시, 12시가 되어서 일어날 때도 있었다. 최 권사는 불평 한 마디 없이 식구들이 일어나는 대로 밥을 다 차려주었다.

또 최 권사는 아침 출근 시간마다 믹서기에 마와 우유를 넣고 갈아서 남편, 아들, 며느리에게 한 잔씩 주었다. 매일 아침마다 정성을 다해 건강 주스를 만들어 주었다. 며느리까지도 다 챙겨주면서 정작 자기는 안 마셨다. 시어머니인데도 자기는 먹을 생각을 안 하고 젊은 며느리에게 먹으라고 권하는 모습을 보면서 이명재는 아내가 참 귀한 사람이라고 생각했다. 그래서 아내에게 늘 고마운 마음을 지니고 살았다.

아들로서 이명재 장로는 어머니께서 돌아가시기 전까지 아침마다 문안인사를 잊지 않았다. 자식들 몰래 용돈을 드리거나 맛있고 귀한 음식을 사다드리기도 했다. 그러면서도 '내가 너희들에게 하는 것의 십분의 일만 어머니께 해드리면 좋겠다. 아무리 노력해도 부모보다 자식이 우선이어서 죄송스럽다……'라며 마음껏 효도하지 못한 것을 안타까워했다. 이명재 장로가 어머니께 드린 용돈은 또 고스란히 손주들에게 가욋돈으로 흘러들어가서 할머니와 손주들의 관계는 누구보다 두텁고 끈끈했다.

어머니는 전형적인 양반집 규수답게 점잖고 반듯한 몸가짐과 따뜻한 마음의 소유자였다. 아들이 양자이기 때문에 끔찍이 사랑하면서도 한편으로는 아들을 어려워해서 '이놈아' 소리 한 번을 안 하고 키웠다. 손주들이 그 사실을 알게 되면 할머니를 무시할까봐 노심초사하기도 했다.

이명재 장로는 어머니의 임종을 지키지 못한 것을 두고 굉장히 죄스러워

했다. 면목동에 살던 1982년 5월 임종하시던 그날 아침, 어머니께서는 출근하는 아들에게 '아범, 다녀와' 하셨다. 이명재 장로는 평소처럼 그대로 출근했다. 그런데 직장에 도착하자 어머니께서 돌아가셨다는 연락이 온 것이다. 어머니의 평소 기도대로 주무시다가 편안하게 천국으로 가셨다. 그런데도 임종을 지켜지 못하고 보내드린 것이 이명재 장로에게는 평생의 아픔으로 남았다.

12 국민학교 시절만 매를 든 온유한 아버지

이명재 장로는 자녀들 초등학교 고학년 때만 매를 들었고, 자녀들에게 매를 들 때는 딸 아들 구별 없이 잘못한 자녀들에게 똑같이 벌을 주었다.

큰아들 종익이 아버지에게 야단맞아본 기억이 딱 한 번 있었다. 행당동 산동네에 살 때였다. 어린이날과 어버이날을 낀 연휴였다. 고향 이천에서 작은할아버지랑 어른들이 올라오면서 창경원에 나들이를 가게 되었다. 첫날은 아이들을 먼저 구경시키고, 둘째 날은 택시를 대절해서 어른들이 구경을 가기로 했다. 당시 창경원에는 동물원과 놀이공원이 있어서 대한민국의 대표적인 위락시설이었다. 시골 사람들은 좀처럼 가보기 힘든 곳이었다.

어린 종익은 첫날에 창경원을 갔다 왔으니까 둘째 날에는 안 가야 하는데 또 가고 싶어 참을 수가 없었다. 어른들이 택시를 타고 창경원으로 출발하자, 종익이 달리기 시작했다.

어른들이 창경원에 도착해서 택시에서 내리고 보니, 놀랍게도 종익이 와 있었다. 종익이 달리기를 잘하긴 했지만 얼마나 간절했으면 택시를 타고 온 어른들보다 더 빨리 온 것이다.

종익이 아버지로부터 생전 처음으로 벌 받은 게 그날이었다. 홀딱 벗겨서 집에서 쫓겨났다. 손 귀한 집의 첫 손자인 종익을 애지중지하던 할머니가 구해줘서 집 안으로 돌아올 수 있었다.

큰딸 종선이 고등학교에 다닐 때였다. 이명재 장로는 비가 오면 비가 온다고 눈이 오면 눈이 온다고 매일 버스정류장에서 밤늦게 귀가하는 딸을 기다렸다. 큰딸의 결혼식장에서 눈물을 보였던 사람도 어머니가 아닌 아버지 이명재였다. 큰딸 결혼 후에는 시댁 식구의 영혼 구원을 위해 눈물 흘리

낚시하는 이명재 장로

며 기도했다.

　둘째 딸 명신이 월드비전 도시빈민 가정사역 책임자로 봉천5동에서 일하게 되었다. 일일 노동하는 사람들이 많아 가정방문 하려면 밤에 다녀야 해서 연희동 부모님 집을 떠나 봉천동으로 이사하게 되었다. 딸이 이사하는 그날도 이명재 장로는 눈물을 보였다. 명신이 필리핀에서 살 때 SBS 라디오 생방송 리포터로 몇 년간 일했다. 이명재 장로는 빨간색 라디오로 빼놓지 않고 딸의 생방송을 챙겨 들었다. 그 빨간색 라디오는 낚시 대회에서 상으로 받은 것이었다. 낚시는 이명재 장로의 3大 취미(낚시, 붓글씨, 난 키우기) 중 하나이다. 다양한 낚시도구 구입은 자신을 위한 가장 사치한 소비였다.

　종필은 마석에서 부모님을 모시고 살던 그 시기가 제일 바쁠 때였다. 한 달이면 일주일, 열흘씩 지방 출장을 다니다 왔다. 평소에도 거의 부모님이 주무실 때 귀가할 때가 많았다. 그래도 아버지가 좋아하는 일은 되도록 같이 해 드리려고 나름대로 노력했다. 아버지가 좋아하는 건 다른 게 아니라 교회를 열심히 다니는 것, 낚시 같이 다니는 것이었다. 아버지와 자식이 같은 취미를 가지고 있어서 같이 취미생활을 한다는 것, 그만한 효도가 없었다. 종필도 누나나 형들처럼 어렸을 때는 신앙이 부담이었다. 아버지 때문에 기계적으로 교회를 오가는 정도였다. 모질지 못한 성격인데 친구들과 어울려 술 마시는 것을 너무나 좋아했다.

이명재 장로는 한 번도 그에 대해 나무라지 않았지만 건강 때문에 많이 걱정했다. 자식들에게 술을 끊으라고는 못 하고 술 한 잔을 다섯 번에 꺾어 마시라고 권면했다. 그리고 본인이 솔선수범해 술을 끊고 신실한 신앙생활을 하는 모습을 보여주었다.

종필은 그런 아버지를 위해 토요일만이라도 술을 마시지 않기로 하고, 주일 아침에 일찍 일어나 아버지를 모시고 교회로 갔다. 자신이 주일에 늦잠을 자 버리면 아버지가 버스 타고 나가시니까 '내가 아버지를 위해 토요일만큼은 술을 안 먹어야겠다.'고 결심한 것이다.

종필은 또래였던 성가대 지휘자와 친해지게 되었다. 같이 모임도 하고 교회에서 대화도 많이 했다. 그때 종필은 집사였는데 어느 날 지휘자가 종필에게 말했다.

"아버지가 장로님이신데 집사님도 교회에서 뭐라도 봉사하셔야지, 성가대라도 하시던지. 뭘 좀 같이 합시다."

당시 대현교회 성도가 200여 명 되었고 성가대 인원이 스물 몇 명 되었을 때였다. 지휘자의 말을 듣고 보니 종필은 '그래? 성가대 한 번 해볼까?' 하는 생각이 들었다. 그때 마침 성가대 총무를 다시 뽑는 시기였다. 종필은 성가대에 두 번밖에 안 나가봤을 때였다. 그 후 주일에 일이 바빠서 아버지께 버스 타고 먼저 가시라고 했다. 아버지는 교회에 가시고 종필은 일을 보고 있는데 전화가 걸려왔다.

"이종필 집사님 축하드립니다. 거의 만장일치로 총무가 되셨습니다."

하는 말이 들렸다. 성가대에 두 번밖에 가 보지 않았는데 총무로 선출된 것이다. 아마도 아버지 이명재 장로의 빽(?)으로 총무가 될 수 있지 않았을까 싶다.

종필은 총무일이 성격에도 잘 맞아서 7~8년을 했다. 둘째 며느리도 함께 성가대로 활동했다. 종필이 성가대 총무를 맡고 부부가 함께 열심히 하는 모습을 보며 이명재 장로는 정말 좋아했다.

성량이 풍부해서 노래를 잘하는 종익도 나중에 성가대 활동을 같이 하게 되었다. 이명재 장로는 그저 두 아들이 교회에 나와 성가대에 앉아 있는 모습을 보면 좋아서 얼굴빛이 환해졌다. 가장 큰 선물을 받은 사람처럼 기뻐했다. 매일같이 술 마시고 교회에도 툭하면 빠지던 탕아 같았던 두 아들이 주일만큼은 교회에 착실히 출석해 성가대 활동도 나서서 하니 그보다 기쁜 일이 없었다.

자식들이 신앙생활을 하는 것만으로도 이명재 장로한테는 효도였다. 두 아들이 아무리 토요일에 술을 마시고 힘들었어도 주일날 교회에 가서 얼굴 보여드리고 예배드리고 찬양하고 있으면 이명재 장로의 얼굴에 미소가 가득했다.

이명재 장로는 자식들뿐만 아니라 처조카들까지도 사랑으로 키웠다. 처조카 동수는 친고모보다도 고모부한테 더 큰 사랑을 받은 것 같다고 한다.

처남은 행방불명되고 처남댁도 홀로 암 투병을 하다가 일찍 세상을 떠났다. 남겨진 조카들은 고등학생, 국민학교 6학년, 4학년생이었다. 고등학생이었던 큰조카는 기숙사에 들어갔지만 나머지 둘은 오갈 데가 없었다. 최 권사 위로는 경제적으로 여유가 있었던 언니가 있었지만 언니는 선을 그었다.

그런데 이때 이명재 장로가 나서서 어린 두 조카들을 거두었다. 성실하게 일궈온 집안 경제가 처남으로 인해 여러 번 어려움을 겪었음에도 어린 조카들을 기꺼이 집으로 데리고 왔다. 그리고는 처조카들을 차별하거나 싫은 내색 한 번 하지 않고 처조카들이 자랄 때까지 자식들과 똑같이 사랑으로 키웠다. 자식들한테는 용돈을 못 줘도 조카들한테는 용돈을 주곤 했다.

이명재 장로는 항상 막내 동수에게 칭찬하고 격려해 주었지 야단을 친적이 한 번도 없었다. 특히 동수의 요리를 좋아해서 조기찌개 같은 걸 해주면 '네 요리는 최고'라고 감탄해 주었다. 고모보다 낫다고 농담처럼 말하기도 했다. 넌 뭘 해도 잘 한다고 항상 칭찬만 했다.

동수는 용기를 내어 공장을 떠나 요리를 배웠다. 나중에는 TV에도 나오게 되었는데, 그걸 보고 이명재 장로가 얼마나 자랑스러워했는지 모른다. 프랑스로 요리 유학을 보내고 싶다고 늘 말했다.

항상 칭찬만 해주는 고모부에게 하루는 동수가 물었다.

"고모부는 왜 저에게 항상 칭찬만 해주세요?"

"야단 쳐야 될 사람이 있고 칭찬해줘야 할 사람이 있는데, 너는 칭찬 받을 사람이다."

동수는 이명재 장로를 친아버지처럼 사랑했다. 친고모인 최 권사보다도 이명재 장로가 더 친근했다. 힘든 일이 있을 때면 고모부를 찾아가거나 안부 전화라도 걸었다. 전화로 목소리만 들어도 힘을 얻을 수 있을 만큼 고모부는 동수에게 정신적인 지주였다. 멘토였으며 때로는 친구였다.

동수는 평생 결혼 하지 않고 고모부 내외를 모시고 살 계획까지 세웠다. 후에 갑작스럽게 좋은 사람을 만나 결혼을 하게는 되었지만 그래도 마음을 접지 않고 아내에게 허락을 구했다. 아내도 좋다고 해서 같이 모시고 살기로 결정했을 정도였다. 물론 필리핀에서 귀국한 명신 때문에 마음만 먹었던 계획이 되었다.

고모 최 권사도 물론 동수를 사랑으로 키워 주었다. 도시락을 싸줄 때에도 동수한테만 몰래 계란말이 같은 걸 싸주기도 했다. '누나는 계란말이 안 먹어'하고 속삭이면서 말이다.

최 권사도 눈물이 많았다. 동수를 데리고 주민센터에 가서 생활보호대상자를 신청해 주면서 울었고, 결혼을 앞둔 상견례 자리에서도 울어서 동수를 민망하게 만들었던 일도 애틋한 추억이다.

동수는 고모부가 해주신 말씀을 가끔 떠올리면서 힘을 얻는다.

"부모의 기도는 부모가 죽어서도 살아 있다."

"너희 삼남매가 부모를 여의고도 잘 자랄 수 있었던 것은 너희 엄마의 기도를 주님께서 들으시고 응답해 주셔서 잘 지내는 것이다."

이렇게 말씀하시며 웃으실 때마다 볼에 보조개가 지으시던 고모부의 모습이 동수는 무척이나 그립다고 말한다.

13 사랑으로 돌본 손주들

이명재 장로는 4남매를 신앙 중심으로 키웠으며, 처조카 3남매를 돌봐주었고, 직장생활을 한 딸과 부부가 함께 일한 두 아들의 자녀까지 돌보며 교육을 시켰다.

첫 친손녀의 이름을 구약성경 속 사무엘의 기도하는 어머니 한나로 이름 짓고 그녀처럼 기도하는 사람이 되길 간절히 기도했다. 한나가 태어나서 초등학교 들어가기 전까지 손녀딸에 대한 교육은 할아버지인 이명재 장로 몫이었다.

직장에서 은퇴할 무렵에는 성산동 시영아파트에 살면서 막내 종필이의 아들 영수(아직 성수가 태어나기 전)를 키웠다. 이 후 막내아들과 함께 살게 되면서 사업하는 아들 부부를 대신해 영수와 성수를 돌봐 주었다. 두 손주가 태어나면서부터 시작된 양육은 초등학교 6학년까지 계속되었다. 두 손주의 한글선생이자 한문선생이었다. 그렇게 공부시킨 덕분에, 성수는 한자능력시험 5급에 응시해서 합격하기도 했다. 내리사랑이라고 자식보다도 손주들을 더 예뻐했다.

그러나 손주 영수, 성수를 공부시키는 일은 쉽지 않았다. 남자아이들이라 그런지 장난이 너무 심해 신경을 많이 써야 했다. 아무리 힘들어도 본인들이 필요성을 느끼고 열심히 하면 공부 지도가 수월하겠는데 둘 다 할아버지가 두려워 마지못해 공부하니 더욱 힘이 드는 것 같았다. 그래도 포기하지 않고, 자신에게 맡겨진 두 손자를 잘 교육시켜 사회에서 인정받는 사람으로 만드는 것이 목표였다.

초등학교 입학 전 엉덩이가 들썩거리는 두 손주 영수와 성수를 앉혀 놓고 인내심 있게 한글부터 가르쳤다. 영수는 학습 이해력이 높은데 반해 성수는 초등학교 입학 전까지 한글 독해를 못해 걱정이 많았다. 이명재 장로는 성수가 초등학교에서 하교하고 나면 오후 시간에 한 시간씩 앉혀 놓고 한자 열 자씩 가르치고 쓰기 연습을 시켰다. 오후에 숙제를 내서 밤에 자기 전에 시험을 봤다. 꼬맹이였던 영수, 성수 입장에서는 지옥 같은 생활이었다. 남들에게는 한없이 인자한 할아버지였지만 자기들한테는 무섭고 엄격한 할아버지였다. 마냥 뛰어놀고 싶었으나 할아버지와 살던 십 년 동안은 꼼짝없이 붙잡혀 공부를 해야 했다. 게임을 좋아한 성수를 찾아 게임방을 순회하는 것은 일상이었고 할머니는 성수에게 연락해 피하라고 하고, 할아버지와 손주 성수의 게임방 숨바꼭질은 오래도록 계속되었다.

손주들 학교에 행사가 있거나 상담이 있거나 할 때에도 이명재 장로가 다 쫓아다녔다. 자식들을 키울 때부터도 학교 일이라면 적극적인 사람이었다.

참전용사였던 이명재 장로는 아이들에게 전쟁의 경험도 많이 들려주었다. 본인이 겪은 6·25전쟁의 참상을 알려주고, 다시는 그러한 일이 일어나서는 안 된다는 것을 가르쳐 주었다.

한번은 영수가 학교에 다녀와서 미국이 나쁜 나라라고 심하게 욕하는 것이었다. 어린아이 입에서 '미국사람은 아주 나쁜 놈'이라는 말이 나왔다. 그게 무슨 소리냐고 물어 보니 영수의 학교 선생님 중에 좌파 성향이 강한 분이 있어서 반미교육을 했던 것이었다. 이명재 장로는 화가 나서 교장한테 전화로 항의했다. 그랬더니 강사로 초청을 해서 학교에 가서 반공 교육을 한 적도 있다. 사선을 몇 번이나 넘나들었던 경험을 들려주며 전쟁의 피해와 공산주의자들과는 절대 타협이 불가함을 알려주었다.

그렇게 작은 아들네 집에서 10년 정도 같이 살았다. 최 권사가 집안 살림을 돌봐 주었고 이명재 장로는 영수, 성수 성경 교육에 학교 교육까지 책임감을 가지고 지도해 주었다.

이후 이명재 장로 부부는 둘째 딸 명신과 함께 살게 된다. 이전부터 혼자 자라던 손녀딸 예랑(예솔)이가 마음에 쓰였었다. 방학 때는 예랑이를 집으로 데려와 문제가 있던 귀 수술과 치료를 위해 병원을 데리고 다녔다. 명신이 외국 출장을 가게 되면 명신의 집으로 가서 손녀딸을 돌보았다.

이렇게 할아버지 할머니 손에서 자란 이명재 장로의 손주들이 8년 전 세상을 떠난 할아버지를 여전히 잊지 못하고 그리워하는 이유, 그건 풍성하게 받은 사랑 때문이다.

14 양보 없는 하나님 제일주의, 교회 우선주의

이명재 장로는 무엇보다 교회가 우선인 사람이었고, 자기 자신의 안위보다 성령의 은혜를 갖는 일이 우선인 사람이었다. 그러니 주일에 교회를 가지 않는다는 것은 상상할 수 없는 일이었다. 예배시간에 늦는 법도 없었다. 학교에서 일할 때나, 아들의 공장에서 일할 때에도 밤늦게까지 일해서 몸이 천근만근인데도 기운을 차려 길을 나섰다. 지하철과 버스를 몇 번씩 갈아타고 교회에 가서 예배에 참석하고 나면 오히려 은혜를 입어 몸이 개운해지는 것 같았다.

남양주시 마석에서 막내아들 종필이네와 함께 살 때였다. 그 집에서 십여 년을 살았을 때에도 주일예배, 수요예배, 금요예배를 빠짐없이 참석했다. 마석의 집에서 금호동의 교회까지 한 시간 반이나 걸리는 거리여서 대중교통을 3번을 갈아타야 했다. 그래도 이명재 장로는 예배 때마다 제일 먼저 도착해 성경책을 읽고 있었다.

종필이 사업을 하니까 늦게까지 일하거나 술 마시고 들어오는 일이 잦았다. 그래도 주일이면 일어나서 부모님과 아이들을 차에 태우고 교회로 향했다. 하지만 어쩌다 토요일에 술을 마시게 되면 일요일에 늦잠을 자게 되는 일이 있었다.

최 권사는 성격이 느긋하고 여유로워서 편안하게 기다렸다. 피곤해서 자고 있는 아들을 깨우고 싶지도 않았다. 그러면 이명재 장로는 안절부절 한다. 장로이다 보니 다른 교인들보다 최소한 1시간 정도는 일찍 가서 준비할 것이 있는데, 아들이 안 일어나고 비비적거리고 있으니 속이 터질 지경이었다. 애타게 기다리다 더는 참지 못하면 혼자서 버스를 타고 가 버렸다. 마석에서 금호동에 있는 교회까지 가려면 버스를 두 번 갈아타고 마지막에는 상봉동에서 전철로 갈아타야 했다.

종필이 느지막이 일어나서 보니 이미 아버지는 출발해서 집에 없었다.

'으휴……, 아버지가 먼저 출발했으나 내가 분명 아버지보다 먼저 도착할 거다.'

종필은 한숨을 내쉬며 차를 몰고 상봉동의 버스 정류장으로 갔다. 정류장 길가에 차를 대고 기다리고 있으면 잠시 후에 아버지가 버스에서 내리는 것이 보였다. 이명재 장로는 정류장에 서 있는 아들을 보고 황당해 하는 눈빛이지만 이내 아무 말 없이 종필의 차에 올라탔다. 아마도 아들이 일어나기를 기다렸다가 그 차를 타고 가는 게 더 빠르다는 것을 알면서도 조바심에 먼저 출발해버린 것이었으리라.

이명재 장로는 새벽예배에도 되도록 빠지지 않으려고 노력했다. 새벽기도회를 하는 시간이 하루를 여는 은혜의 시간이었다. 평소에 '성도는 섬기는 교회 가까이 사는 게 복이다' 라는 신념을 가지고 있었지만 교회와 집은 항상 멀었다. 평소에는 집 근처 교회에서 새벽기도회에 참석했지만 고난주간 등 중요한 새벽예배가 있을 때에는 전날 밤에 미리 교회에 가서 자고 다음날 새벽에 예배를 드렸다. 교회가 멀어서 새벽에 일어나서 가기 힘들기도 하고 혹시나 늦게 될까봐 그런 것이다. 몸이 너무나 고되었지만 그렇게 할 수 있었던 것도 성령의 도움이 없이는 불가능한 일이었다.

어느 해 겨울이었다. 유난히 춥고 눈이 많이 내려서 사람들이 다니지 못할 정도였다. 대현교회의 담임인 송경재 목사가 수요저녁예배를 준비하고 있는데 이명재 장로가 교회 문을 열고 들어섰다. 교회 가까이에 사는 교인들도 못 오고 있는 상황이었다. 놀라는 송경재 목사에게 이명재 장로가 아이처럼 해맑게 웃으며 말했다.

"늦게 출발하면 못 갈 것 같아서 점심때 출발해서 왔어요."

남양주 마석에서부터 서울 금호동까지 한파와 폭설을 뚫고 대중교통으로 예배를 드리러 온 것이었다. 대현교회와 예배를 그 정도로 사랑했다.

그 뒤에 명신이 이명재 장로를 모시고 여의도에서 함께 살 때였다. 하루는 한 교인이 신금호역에서 이명재 장로를 우연히 마주쳤다. 이명재 장로는 그때 이미 노쇠해 지팡이에 의지하고 있었고 지하철의 계단 난간을 붙들지 않고는 다닐 수 없었다. 그렇게 힘없이 흔들리는 다리로 예배의 시간을 사모하여 빠짐없이 다녔던 것을 알고 교인도 감동하지 않을 수 없었다.

결혼한 큰딸 종선과 통화하다가 종선이 주일을 끼어서 여행을 간다거나 하는 얘기를 하면 화를 냈다. 왜 꼭 주일을 걸쳐서 가야 하냐는 것이었다. 외지에서 교회 주일예배에 참석하는 것보다도 반드시 다니는 교회에 출석해야 한다고 강조했다. 여행이든 그 어떤 것이든 주일예배에 우선할 수는 없었다.

명신이 강원도 동해에 발령받아 혼자 내려가 있을 때였다. 이명재 장로는 동해로 낚시 여행을 갈 예정이었지만 마음이 내키지 않았다. 예배 후이지만 주일에 떠난다는 것 때문이었다.

'그래도 예배드리고 가는 거니까 괜찮겠지.'

하는 마음에 터미널까지 가서 강릉행 버스표를 예매했다. 하지만 아무리 생각해 봐도 주일에 떠난다는 것이 마음에 걸렸다. 결국 안 가기로 결정하고 명신에게 전화해서 취소하겠다고 말했다. 그러고 나니 마음이 아주 가벼워졌다. 주일에 낚시를 가는 것은 주님이 기뻐하지 않을 거라 생각했다.

주일에는 중요한 결혼식이 있어도 참석하지 않았다. 주일예배가 더 중요

68

했기 때문이다. 미안한 마음이 들고 친척들은 욕하겠지만, 하나님 제일주의로 남은 인생을 살기로 했으니 감당해야 할 일이라고 생각했다.

신앙서적이나 칼럼을 읽거나, 기독교방송을 보는 것 외에 취미로는 난(蘭) 키우는 것과 낚시 정도밖에 없었다. 이명재 장로는 주님이 주신 귀한 시간을 난을 가꾸는데 허비하고 돈을 투자하는 것이 무가치하다며 죄책감을 갖기도 했다. 이보다 더 실속 있고 신앙생활에 도움이 되는 것을 찾아야겠다고 마음먹기도 했다.

하지만 난을 가꾸는 일이 주는 기쁨이 커서 포기하지 못 했다. 자생난을 구경하러 종로5가를 배회하고, 동료들과 난초군락지로 여행도 다녔다. 습도와 온도까지 재가면서 난을 이리 저리 옮겨 놓았다. 어쩔 수 없이 해외여행을 갈 때 가장 큰 걱정이 주일 예배이고 두 번째가 난 걱정이었다. 그럴 때는 난초 관리 책임자를 가족 중에서 지정하고 관리방법을 전수한 후 해외에 나가서도 난초 관리를 잘하고 있는지 국제전화를 걸어왔다. 난(蘭) 받침대를 손수 만들어서 사용할 정도로 난에 대한 애착이 대단했다. 난의 고고한 자태와 향기는 하나님을 향한 이명재 장로의 사랑과도 비슷했다.

15 信行一致! 삶과 신앙이 일치된 하루하루

이명재 장로는 말씀과 기도의 삶을 생활에서 실천하며 살았다. 힘없는 약한 자들, 아픈 자들, 가난한 자들을 위해 늘 기도와 말씀을 전해 주었다. 많은 성도들이 이명재 장로한테 기도를 부탁했다. 그는 부탁을 들으면 온 마음을 다해 매일 기도를 해주었다.

병원에 입원한 성도의 면회는 수시로 다녔다. 왕복 3~4시간이 걸리는 거리를 대중교통으로 매주 방문한 적도 있었다. 환자인 성도의 손을 붙잡고 뜨거운 기도로 용기를 북돋워 주었고, 주머니 사정이 좋지 않으면서도 주머니를 털어서라도 꼭 봉투를 쥐어주었다. 그러고는 더 큰 돈을 드리지 못한 것을 가슴 아파했다. 집에 돌아와서도 그 분의 건강이 회복되기를 기도했다. 본인의 몸이 너무 힘들 때에도 사도바울을 기억하면서 성령의 인도하는 대로 열심히 따라가 심방을 가고는 했다. 어느 아팠던 교인을 위해서는 30년을 하루도 빠짐없이 기도해 주었다.

아주 어렵게 사는 성도의 자녀가 교도소에 있었을 때 이명재 장로 혼자서 그 사람 면회를 다녔다. 상처로 교회에 나오지 않는 경우에도 포기하지 않고 전화로 설득했다.

혼자 사는 어르신의 집에 간단한 간식을 들고 수시로 찾아뵙기도 했다. 어느 날은 그 집에 방문했더니 어르신이 이명재 장로 앞에 구하기 힘든 외제 커피와 과자를 내오는 것이었다. "이거 어디서 난 거예요?" 하고 여쭈었더니 자식이 미국에 있어서 보내주었다고 해서 그간의 사정을 알았다.

길거리에서 갈 곳 없는 사람을 집으로 데려온 적도 있었다. 지저분한 행색의 그에게 새 옷을 주고 따뜻한 밥을 대접했다. 그러면서 추위에 떨고 있는 그 사람이 마치 예수님 같아서 외면할 수 없었다고 했다. 이명재 장로는 소심한 사람이었는데도 남을 돕는 일에는 주저함이 없었다.

이명재 장로는 항상 목회자와 교회를 자랑했다. 장로와 교인들이 자기가 섬기는 교회와 목회자를 자랑하고 다녀야 교회가 부흥한다고 말했다. 늘 교회와 담임목회자 그리고 교인들에 대한 자랑을 입에 달고 살았다. '유권사는 천사야 천사 어떻게 그렇게 힘든 상황에서 항상 웃으며 남편을 지극 정성으로 간호할 수 있는지', '전장로는 기도의 용사야 정말 기도 열심히 해 넉넉지 않은 살림에 십일조도 1등이고', '목사님은 입이 무거우셔 절대 남의 이야기를 안 하셔 이건 목회자로 큰 덕목이야', '정 권사는 정말 요리를 잘 해 어쩜 그렇게 맛있게 하는지', 변 집사는 찬양을 예쁘게 잘해'등 등 그에게는 모든 사람이 훌륭하고 좋은 사람들이다. 그가 누군가를 험담하는 모습을 보기 힘들었다. 항상 상대방을 칭찬해주었고, 다른 사람들 앞에서 좋은 이야기만 자랑해 주었다. 말은 아껴도 칭찬은 아끼지 않았다. 신입 성도가 기도를 어설프게 해도 참 좋았다고 칭찬해주었고, 목사가 설교를 망친 것 같을 때도 목사가 단상에서 내려오면 두 손을 꼭 잡고, "목사님 은혜 많이 받았어요. 오늘 설교 참 좋았어요." 하면서 칭찬했다.

남을 미워하는 것은 어떤 이유에서건 하나님 앞에서 용납될 수 없는 일이었다. 남을 미워하기 전에 조용히 하나님께 기도하면서 하나님께 맡겨드리는 것이 신자로서 당연한 모습이며 마땅한 도리라고 믿었다.

교회 어느 구석에서든 교인의 손을 꼭 붙잡고 기도해주고 있는 이명재 장로의 모습은 쉽게 볼 수 있었다. 교인 중 누구든 조금이라도 힘들어하는 기색이 보이면 그 손을 붙잡고 언제 어디에서나 뜨겁게 기도해 주었다. 그러니 이명재 장로와 이야기를 나누면 누구나 기분이 좋아지고 마음이 위로되는 것이었다.

교인들이 이명재 장로와 함께 어딜 가다가 좋은 걸 보면 교인들끼리 이야기했다.

"이명재 장로님 입에서 또 감탄사 나오겠네."

그러면 정말 이명재 장로 입에서 감탄사가 터져 나왔다. 어떤 사람이든, 어떤 소소한 것이든 아름답고 긍정적으로 보며 감탄하는 사람이었다.

그런 이명재 장로를 두고 대현교회 담임목사는 말했다.

"평생 목회하면서 잊을 수 없는 다섯 명 중 한 분이 이명재 장로님입니다."

교인들도 이명재 장로를 보며 지금도 앞으로도 다시없을 장로님이시라고 칭송한다.

이명재 장로는 하나님 없이는 살 수 없는 사람이었다. '오직 예수'가 그의 인생과 신앙관의 전부였다. 예수를 빼놓고는 아무것도 생각할 수도 없고, 할 수도 없었다.

그런데 어느 날이었다. 좀처럼 남편한테 화내는 법이 없던 아내 최 권사가 섭섭하다며 화를 냈다.

"당신이 어떻게 나한테 이럴 수 있어요!"

이유인즉 이명재 장로가 고향의 대흥교회에 아내 모르게 무명으로 헌금을 해왔던 것이다. 1969년에 고향을 떠난 이래로 계속되었으니 꽤 오랜 세월이었다. 수십 년 동안 헌금이 이어지니 대흥교회에서 감사 인사를 하기 위해 집으로 확인 전화하는 통에 최 권사가 알게 되었다.

"당신이 용돈을 쪼개서 드리는 고향교회 헌금을 내가 반대할 것도 아닌데, 그 오랜 세월을 나한테 한마디 없이 속이다니."

최 권사가 느끼는 섭섭함이 매우 컸나보다. 아마도 이명재 장로는 넉넉하지 않은 살림에 두 교회를 섬기는 게 아내한테 미안해서 비밀로 했을 수도 있다. 또한 고향교회를 품고 누구에게도 알리지 않고 조용히 마음을 드리고 싶었던 것일 수도 있다.

이명재 장로가 돈을 함부로 쓰는 사람은 아니었다. 헌금을 열심히 내고 경조사를 챙기며 어려운 사람들을 돕고 목사님이나 교인들에게 음식을 접대하는 것은 조금도 아까워하지 않았다. 그렇게 돈을 쓰는 일은 참으로 가치 있는 행위라 여겼다.

하지만 자신을 위해 쓰는 돈은 십 원짜리 하나도 아꼈다. 돈을 자신의 만족과 쾌락을 위해서만 사용하면 그것은 결국 돈이 독이 될 수 있고 죄가 될 수 있었다.

어느 날은 이명재 장로가 퇴근해서 이렇게 말했다.

"오늘 퇴근길에 자장면이 너무 먹고 싶었는데 꾹 참고 왔다."

그 당시 자장면 값이 1500원 정도였는데 그 돈을 아끼느라 참은 것이다.

그는 사용한 편지봉투를 버리지 않고 잘라서 깨끗한 안쪽을 메모지로 사용했고, 붓글씨는 신문지를 사용해서 연습했다. 식사 시간에는 밥 한 톨도 버리지 못 하게 했다.

"절대 많이 먹지 말고 적당히 먹어라. 그리고 음식은 절대 남기지 마라. 이 쌀 한 톨도 다 '농부의 땀'이니까."

하면서 자식들을 가르쳤다.

성경책도 직접 보수해 가며 닳고 닳도록 보았다. 표지가 망가지기는 했어도 읽는 데는 지장이 없었기에 새로 사지 않았다. 또한 오랫동안 손에 들고 읽던 책이라 정이 들기도 한 까닭이었다. 망가진 성경책을 수리해주는 곳을 찾다가 없어서 본인이 직접 수리했다. 성경책의 측면에 본드를 바르고 모시천을 덧대어 풀로 붙이고 바늘로 꿰매어 사용했다.

행당동 산동네에 살았을 때 이런 일도 있었다. 둘째 딸 명신이 국민학교 6학년 때 문교부 장관상인 '착한 어린이 상'을 받게 되었다. 시상식은 5월 5일에 덕수궁에서 있었다. 행당동에서 덕수궁이 있는 시청역까지 택시나 버스를 타고 가도 한참 걸리는 거리다. 그런데 그 거리를 걸어서 가게 한 것이다. 택시는커녕 버스도 안 태워주고 그 먼 길을 국민학교 6학년짜리한테 걸어서 가게 했다. 훗날 돌이켜 보니 아버지의 검소한 성격에 고개가 숙여지지만 그때는 끝도 없이 걸어가느라 너무 힘들었다고 명신은 추억한다.

이명재 장로는 그렇게 돈을 아끼고 아껴, 20여 년을 아무도 모르게 고향 교회에 헌금했던 것이다.

16 믿음 안에서 돈독했던 아버지와 딸

둘째 딸 명신은 이명재 장로의 자랑이었다. 열 손가락 깨물어 안 아픈 손가락이 없다지만 명신은 특히 자랑스러운 딸이었다. 공부 잘하고 말도 잘하고 주관이 뚜렷하며 불의를 보면 못 참는 딸이었는데, 고집이 세서 부모도 못 이겼다.

한번은 이명재 장로가 친한 교인 이무정 장로와 이야기 하던 중 명신이 얘기가 나왔다. 이명재 장로가 말했다.

"하나님만 이겨, 명신이는 아무도 못 이겨."

부모도 못 이기고 오로지 하나님만 이길 수 있는 딸이었다.

명신은 연세대 4학년 재학 중에 국제구호개발 NGO인 월드비전에 사회복지사 1호 공채로 입사했다. 국제 NGO 특성상 국내뿐 아니라 전세계 개발 구호현장을 오가며 일했다. 이명재 장로는 업무 차 해외출장을 자주 다니는 딸이 자랑스러우면서도 잦은 해외 출장으로 안전과 건강을 해치지나 않을까 늘 염려했다. 그래서 위로하고 격려하는 손편지를 딸에게 자주 썼다.

명신은 아버지가 학교를 은퇴한 이후 일 년에 한 번씩 부모님께 해외여행을 보내드렸다. 덕분에 이명재 부부는 국내뿐 아니라 필리핀을 시작으로 세계를 돌아서 이스라엘 성지순례까지 다녀왔다. 명신이 필리핀에 체류하던 시기에는 해마다 초청해서 한 달씩 여행을 모시고 다녔다.

기꺼이 떠나신 적은 한 번도 없고 '애야 나는 갈 수 없다 장로가 주일 교회를 비운다는 것은 있을 수 없다'고 거절하셨다. 이에 '여행사에 이미 비용을 다 지불했고 환불이 불가능해요 그러니 맘대로 하세요'라고 압력(?)을 가하면 마지못해 다녀오시곤 했다. 주일을 빠지는 것도 불편하고 자녀에게

명신 국민학교 졸업사진

경제적 부담을 주는 것 같아 미안함도 있었을 것이다.

이명재 장로는 다녀본 여행지 중 가장 기억에 남는 곳은 필리핀 팔라완 섬의 파라다이스라고 회고했다. 천국의 모형이 아닐까 생각했을 정도로 평화롭고 아름다운 곳이었다고 했다. 마닐라에서 국내선을 타고 팔라완으로 가서 리조트 입구까지 지프니를 타고 섬으로 이동할 때는 배를 타야 하는 여정이다. 일본인이 소유주인데 숙소가 편안하고 바닷가가 일반 모래가 아니라 산호가 부식된 듯 하얀 모래여서 물색깔이 그야말로 코발트색깔이라 그림 같았다. 깔끔한 식사를 좋아하는 이명재 장로의 입맛에 딱 맞게 매끼 정갈한 식사(주방장에 의하면 식재료 상당 부분을 일본에서 공수해 온다고 함)가 제공되었다.

여행을 다녀온 후 '내가 평생 먹어본 음식 중에 그 섬에 가서 먹은 음식이 최고였다. 정말 맛있었다'고 회상하곤 했다.

필리핀에서 지내고 있던 명신이 한국의 월드비전 본부로 재입사가 결정되어 귀국하게 되었다. 1999년 3월이었다. 명신이 동생 종필에게 말했다.

"부모님 모시느라 네가 그동안 고생 많이 했다. 이제부터 누나가 모실게."

"아들들이 있는데 왜 누나가 모셔?"

종필은 일언지하에 거절했지만, 명신이 부모님을 모시고 싶어 했다. 귀국 시 하나님은 명신에게 앞으로 해야 할 우선순위를 말씀하셨다.

첫째, '지금까지는 네가 너 자신을 위해 살았지만 이제부터는 하나님을

자녀들이 보내드린 세계여행 중인 이명재 장로 부부

위해 살라.' 둘째, '부모님을 잘 섬겨라.' 셋째, '자식을 잘 키워라.'

하나님의 두 번째 명령이었던 '부모님을 잘 모셔라.'

이 말씀을 받들어서, 명신은 귀국해서 부모님을 모시고자 했다.

드디어 2007년 이명재 부부는 명신의 바램대로 딸과 함께 살게 된다. 명신이 춘천복지관장으로 근무하다 월드비전 해외사업본부장으로 발령받아 서울로 오면서 부모님을 모시게 된 것이다. 그렇게 부모님을 하나님 말씀대로 모시게 된다.

이명재 장로는 딸이 퇴근하고 오면 딸과 대화를 나누고 싶어 했다. 오늘 성경말씀 묵상한 내용, 기독교방송과 극동방송에서 들은 설교와 간증사례, 신앙서적에서 은혜 받은 이야기 등을 계속해서 말해 주었다. 명신은 피곤해서 이런저런 핑계로 아버지를 피하기도 했다. 명신으로서는 퇴근했으니 피곤해서 쉬고 싶은데 가는 데마다 아버지가 쫓아다니며 말을 거시니 좀 귀찮기도 했다.

명신이 부모님과 함께 가정예배를 드리던 어느 밤이었다. 아버지, 어머니, 명신. 이 세 명의 무릎이 맞닿은 채로 기도를 하는데 순간, 이순간이 무척이나 소중하게 느껴졌다. 그리고 이런 생각이 들었다.

'아… 지금 이 순간이 너무 소중하고 감사하다. 이렇게 부모님과 무릎을 맞대고 기도할 수 있는 순간이 언제까지 계속될 수 있을까? 이 순간을 나중에 그리워하게 될 것 같다.'

그렇다. 정말로 지금은 그 순간이 몹시도 그립다. 서로 맞닿았던 무릎의 감촉을 아직도 기억하고 있다. 부모님을 모실 수 있는 기회를 주신 하나님께 그저 감사 기도를 드릴 뿐이다. 이명재 장로는 세상을 떠나기 전 아내 최 권사에게 유언처럼 당부했다. '내가 세상을 떠나면 당신은 무조건 명신이하고 살아' 이 말을 생명처럼 붙들고 최권사는 딸 곁에서 인생의 마지막 시간을 보내고 있는 중이다.

17 난(蘭)처럼 고고하고 곧은 성격

이명재 장로의 곧은 성격은 삶의 곳곳에서 드러났다. 몇 가지 에피소드를 소개한다.

연세대에서 근무하던 때였다. 학교 동료들과 회식을 했는데 통행금지에 걸려 일행이 모두 식당 겸 술집에서 하룻밤을 보내게 되었다. 모두가 술에 취해 잠들어 있는 밤, 누군가 방문을 열고 슬그머니 들어오는 기척이 느껴졌다. 이명재 장로는 깨어 있었기에 누군가 하고 봤더니 여주인이었다. 그런데 그 여주인이 이명재 장로의 옆으로 다가오는 것이었다. 이명재 장로는 긴장하며 숨죽인 채 술 취해 곯아떨어진 척했다. 결국 여주인이 그냥 나가서 간신히 위기를 모면했다고 웃으며 이야기했다. 이후 다시는 이러한 자리를 만들지 않으려고 조심하며 살아왔다는 이야기와 함께. 아마 이 사실을 엄마는 모르고 계신 듯 하다.

이명재 장로는 술도 멀리하기 시작했다. 집안 내력이 술을 좋아했고 술이 체질에도 맞았다. 그런데도 단지 신앙생활이 도움이 안 된다는 이유로 술을 자제한 것이다. 가끔은 영양탕이나 닭고기를 먹을 때 느끼한 걸 잡으려고 소주를 한 잔씩 마시기는 했다. 그러면 느끼하다고 참지 못하고 소주 한 잔 마신 것을 부끄러워했다.

막내 종필네에서 살 때 외식하러 고깃집에 갈 때가 있었다. 술 좋아하는 종필이 한 잔 마시겠다고 하면 마시지 말라고는 안 하고 마시라고 했다. 종필이 아버지께도 소주 한 잔을 따라 드리면 이명재 장로는 그것도 받지 않으려 했다. 그래도 아들이 한 잔을 따라서 상 밑으로 쓱 밀어 드리면 그걸 손주들이 딴 짓 하느라 안 볼 때 한 모금 얼른 마시고는 내려놓았다. 소주

한 잔을 한 모금씩 다섯 번에 나누어 홀짝 마셨다. 상 위에 절대 올려놓고 마시지 않았다. 장로가 되어서 손주들 앞에서 술잔을 보이는 것이 민망하다는 것이었다.

명신은 해외 출장을 갔다 올 때마다 아버지께 포도주나 양주 한 병씩 사다 드리고는 했다. 더구나 이명재 장로는 저혈압이 있어서 술 한 잔씩 마시는 게 약이 되었다. 그래서 딸이 사다준 포도주 한 잔이나 맥주 한 캔씩 마시고는 했는데, 어느 날부터 그조차 안 마시겠다고 선언했다.

"내가 술을 입에 대면서 어떻게 자식들한테 술 마시지 말라고 하겠니."

그 뒤로 일절 술을 입에 대지 않았다. 집안 대대로 술이 당기는 체질인데도 딱 끊어버린 것이다. 그 뒤로 명신은 술 대신 초콜릿을 사다 드려야 했다.

오래 전 막내 종필이 고3일 때였다. 그 학교는 미션스쿨이었다. 남가좌동에 살고 있었는데 종필에게도 방이 따로 있었다. 그때부터 종필은 친구들과 어울려 담배를 피웠다. 집에서는 밤에 창문을 열고 피웠다. 책상 위에는 재떨이가 있었다. 담배를 피우고 나면 재떨이를 숨겨 놨는데, 어느 날 깜박하고 재떨이를 책상 위에 놔둔 채로 잠이 들어 버렸다.

다음 날 아침, 이명재 장로가 학교로 출근하는 길에 아들 얼굴 한번 보려고 방으로 들어갔다가 책상 위에 놓여 있는 재떨이를 보고 말았다. 재떨이에 담뱃재가 수북했다. 보통의 아버지 같았으면 아들을 깨워서 때리던지 혼내던지 했을 텐데, 이명재 장로는 조용히 방을 나갔다.

종필이 아침잠이 많아서 자고 있다가 우당탕탕 소리에 잠에서 깼다. 누군가 현관문을 쾅! 닫는 소리도 이어졌다. 무슨 일인가 하고 나가 보니 현관 옆 쓰레기통에 본인의 재떨이가 버려져 있었다. 아버지가 화가 나서 재떨이를 던져 넣고 나가버린 것이었다.

'큰일났다……'

종필은 아버지가 오늘 밤 얘기하실까, 내일 밤 얘기하실까 걱정을 했는데, 아버지는 아무 말도 없으셨다. 그 뒤로도 아버지는 그에 대해 한 번도 말을 꺼내지 않았다.

모든 일에 정직하고 열심이었던 이명재 장로는 문중 일에도 앞장서서 일했다. 고향 이천에는 문중 묘가 있는 산이 있었다. 아무도 조상 묘에 대해 관심을 두지 않았을 때 큰형님이 명의를 본인 앞으로 해놓고 선산을 가꾸고 관리하기 시작했다.

그런데 세월이 흘러 이천에 SK하이닉스 공장이 들어서게 되면서 조상 묘역과 경계선을 형성했다. 땅값이 천정부지로 치솟기 시작하더니 어느 순간 200억대에 이르게 되었다. 그러자 문중 사람들이 선산 명의에 관심을 갖기 시작했고 문중 내 갈등이 생겼다.

그때 이명재 장로가 총대를 메고 큰형님을 쫓아다니면서 문중의 명의로 돌리도록 설득했다. 큰형님 입장에서는 아무도 관심을 갖지 않을 때 본인 혼자 선산을 관리하고 지켰는데 이제 와 내놓으라고 하니 섭섭하고 못마땅한 기색이 역력했다. 그래도 문중의 땅은 문중에 돌려줘야 했다. 이명재 장로가 사심이 있어 그러는 것이 아니었다. 그는 끈기 있게 설득했다.

"형님, 대신 제 이름은 안 넣겠습니다. 아들 이름도 안 넣을게요."

그 말이 큰형님의 마음을 움직였다. 동생이 정말로 사심 없이 문중을 위해 그러는 거라는 걸 믿게 된 것이다.

선산 명의가 큰형님 단독에서 문중의 8명 공동명의로 변경되었다. 이쪽 집안에서는 큰형님 이름만 대표로 넣었고, 이명재 장로는 정말로 본인의 이름도, 아들의 이름도 넣지 않았다. 그리고 현대 아파트와 경계를 이루어 더 이상 장지로 사용하기에는 법적인 문제가 발생할 수 있어 선산 이전을 고민하기 시작했다. 문중에 선산문제로 회의를 소집하니 알지 못하는 사람들이 80여 명도 넘게 모였다.

이권 싸움이 크게 날 수도 있는 사안이었는데 수십 년간 이 문제를 해결하기 위해 노력한 결과 분쟁 없이 잘 해결할 수 있었다. 큰형의 입장에서는 섭섭할 수도 있는 문제였지만 상식과 이치에 맞게 바로잡았던 것이다.

그래도 이 일을 두고 이명재 장로는 큰형님한테 두고두고 미안해했다.

이명재 장로가 하나님 곁으로 돌아간 뒤에 큰형님 아들이 종익한테 연락을 해왔다. 작은아버지 가죽가방에 중요한 서류가 다 들어 있을 것이니 그걸 찾아달라고 했다. 그래서 종익이 찾아보니 정말 그 가죽가방 안에 필요한 서류가 차곡차곡 들어 있었다. 결국 지금은 선산을 매매해서 장호원에 넓은 땅을 사서 이전하는 단계에 있다. 선산의 명의이전을 노력 끝에 어렵게 마치고 매매와 이전을 걱정하며 세상을 떠난 이명재 장로, 수백억대의 선산 앞에서 자기의 몫을 챙기기보다 문중을 위해 노력한 선한 결과를 하늘에서 기쁘게 보고 있을 것이다.

18 차마 교회를 떠나지 못해 괴로워하다

기본적인 재산을 잘 지켰더라면 노후가 조금은 편안했을 텐데 경제적 능력을 상실하고 자식들에 의탁해서 산 노후의 시간은 무척 고단했다.

그러나 그 힘든 상황을 주위 사람들에게 내색한 적은 없었다. 대현교회 성도들은 이명재 장로가 경제적으로 곤궁한 처지가 되었다는 걸 전혀 짐작도 하지 못했다. 항상 온화한 얼굴로 맑게 웃기만 하던 사람이라, 나중에 자식들한테 사정을 듣고 난 뒤에야 깜짝 놀랐다.

이명재 장로는 모든 괴로움을 속으로 삭이며 일기에 꾹꾹 적어 내려가며 달랬다.

돈 없으면 장로 하기도 힘들다고 토로하기도 했다. 명신이 다달이 주는 용돈 50만원으로 헌금 내고, 경조사비 쓰고 책을 사보자니 늘 빠듯했다. 장로로서 헌금도 충분히 못 하고, 인사해야 할 사람들에게 제대로 대접하지 못하는 것이 아쉬웠다. 장로로서 기본적인 것은 해야 하는데 능력이 안 되어 그러지 못하니 너무나 안타까웠던 것이다. 그래도 웃을 수 있었던 것은 나의 형편을 아시고 우리의 중심을 보시는 하나님을 믿었기 때문이다.

그러던 2012년 어느 날이었다. 이명재 장로는 교회에 다녀오면서 지하철을 탔는데 문득 어디가 어딘지 모르게 되었다. 방향감각이 없어져서 집이 있는 여의도가 어느 쪽인지 알 수 없게 된 것이다. 지갑도 없이 산책 나왔다가 길을 잃어 지나가던 아주머니가 버스비를 줘서 버스를 타고 귀가한 적도 있었다. 매일같이 다니던 길이 헷갈리게 되니 스스로도 걱정이 되었다.

명신에게 치매 검사를 해야 할 것 같아 병원에 같이 가자고 했다. 명신은 해외 출장이 잦아 바쁘기도 했고, 어머니가 치매증세가 있어 삼성병원에 모시고 다니던 터라 아버지까지 감당하기가 너무 벅찼다. 그래서 지금은 시간이 없으니 다음에 가자고 미뤘다. 할 수 없이 이명재 장로는 사촌누이에게 부탁해서 치매 진료를 위해 집에서 가까운 적십자병원에 다니기 시작했다.

어머니의 치매 수발을 들던 아버지까지 치매 초기증상이 시작되었는데 갑작스러운 명신의 인사발령에 아버지의 충격은 컸다. 일반적이고 상식적이지 않았다.

2012년 11월 인사철도 아닌데 명신은 영문도 모르는 채 동해로 발령받아 내려갔다. 일단 혼자 내려가서 4개월 동안은 주말마다 동해에서 서울로 올라와 부모님을 돌봤다.

명신이 고민 끝에 아버지께 여쭈었다.

"아버지, 여기 계실래요? 아니면 동해로 가실래요?"

"내가 어떻게 교회를 떠나니……. 내가 교회 장로인데 본 교회를 떠날 수 없다. 나는 서울에 남아 교회를 섬기고 종중 선산 문제를 매듭지어야 한다."

이명재 장로는 평생의 생활 터전이 서울이며 대현교회인데 여기를 어떻게 떠나느냐며 마다했다. 오랫동안 매달려온 종중 선산 이전 문제를 마무리해야 하는 중요한 역할도 남아 있었다. 하지만 아픈 노부모님만 집에 계시게 할 수도 없었고, 먼 길을 왔다 갔다 하는 것은 육체적으로 감당하기 힘들었다. 그리고 두 집 살림하기에는 경제적으로도 어려웠다. 어쩔 수 없이 2013년 1월 29일에 명신은 부모님을 동해로 모시고 갔다. 시골이라 공기가 좋아서 건강에도 더 좋을 줄 알았다. 교회에 걸어서 다니실 수 있도록 동해감리교회에서 걸어서 5분 거리에 집을 구했다.

그땐 몰랐다. 치매 환자에게 새로운 환경이 얼마나 치명적일 수 있는지 전혀 몰랐던 것이다. 치매 초기, 자랑스럽던 딸의 이유도 모르는 갑작스러운 지방 발령. 거기에 낯선 환경까지. 이 모든 변화가 이명재 장로를 거세게 흔들었다.

동해로 내려가 맞은 첫 주일이었던 2월 3일. 이명재 장로는 동해교회에 가서 첫 예배를 드리고 온 뒤에 말했다.

"나 예배가 안 된다. 설교 말씀이 들리지 않아."

서울에서는 음향시스템이 잘 갖춰져 있어서 예배드리는데 불편함이 없었는데, 여기서는 시스템이 좋지 않은지 소리가 울려서 알아듣기가 어려웠던 것이다.

그로부터 3일 뒤인 2월 6일, 이명재 장로가 쓰러졌다. 치매 초기증상이 온 것 말고는 크게 아픈 데도 없었는데, 자신의 평생의 기반이자 하나님이었던 대현교회를 떠나자 무너져 버렸다. 뿌리가 뽑혀 버린 듯했다.

치매가 빠르게 진행되었고 건강 상태가 급격히 안 좋아져서 입, 퇴원을 반복했다. 대현교회 교인들이 먼 길을 마다하지 않고 수시로 심방을 왔는데, 하루는 심방 온 교인들에게 말했다.

"나는 단종이야. 대현교회가 그리워서 교회가 있는 서울 쪽을 향해서 기도하네."

이명재 장로의 상태가 안 좋으니, 필리핀에 있던 큰딸 종선이 일시 귀국해서 동해로 내려왔다.

밤이 되자 종선과 형제들은 엄마를 모시고 어렸을 때부터 늘 하던 대로 가정예배를 드리기 시작했다. 온 가족이 모여 앉았지만 아버지는 건강 상태가 안 좋았기에 아버지께 차마 같이 예배드리자는 말씀을 못 드렸다. 그런데 거실에서 찬송가 소리가 들리니까 아버지가 안방에서 나오신 것이다.

치매로 다른 건 기억을 잘 못 하시는 상태에서도 찬송 소리가 들리자 뼈만 남은 몸을 이끌고 스스로 나오셨다. 가족 곁에 앉아서 찬송을 하시고는 찬송이 끝나자 힘겹게 일어나 다시 방으로 들어가셨다. 다른 건 다 잊어도 찬송만은 뼛속 깊이 기억하고 계셨던 것이다.

19 자녀들을 위해 십자가를 지시고

이명재 장로는 건강 상태가 점점 나빠져 동인병원 중환자실에 입원하게 되었다. 인공호흡기를 달고 두 손은 침대 양쪽 거치대에 묶인 채로 말도, 식사도 못 했다. 인공호흡기, 콧 줄, 소변 줄, 주사 줄 등 온몸에 줄을 달고 계셨으니 안전을 위해 손을 묶어 놓은 것이다.

명신이 할 수 있는 일이라고는 중환자실 면회 시간에 맞추어 오전, 정오, 저녁에 어머니 모시고 면회 다니는 것과 찬송가를 읊조리듯 아버지 귀에 대고 불러드리는 것뿐이었다. 아버지의 뼈만 남은 앙상한 팔다리가 침대 양쪽에 묶여 있는 모습을 보는 것은 견딜 수 없는 고통이었다. 하루 세 번 15분씩 면회할 때마다 두 손을 느슨하게 풀어드렸다. 하지만 다음번에 면회 와 보면 다시 단단하게 조여져 있었다.

이명재 장로 본인은 얼마나 고통스러웠을까. 그 심정을 헤아리기조차 힘들다. 명신은 문득 그런 아버지의 형상이 누군가와 닮아 보였다. 명신이 아버지의 귀에 대고 속삭였다.

"지금 아버지가 십자가를 지고 계시네요. 아버지께는 너무나 고통스러운 순간이지만 이 자리는 정말 귀한 자리인 것 같아요. 하나님께서 아버지를 통해서 저희에게 십자가를 보여 주시려는 것 같아요. 저희들을 위해 아버지가 십자가를 지고 계셔서 죄송하고, 그리고 감사합니다."

당시 필리핀에 있던 종선 부부도 한걸음에 달려와 면회하러 왔다. 종선도 크게 충격 받은 얼굴이었다. 어머니가 늘 아프셔서 병원에 입, 퇴원을 반복하셨지, 아버지는 병원 다니실 일도 없을 만큼 건강했기 때문이다. 항상 소식하시고 싱겁게 드시고 저녁마다 걷기 운동을 하셨던 건강한 분이셨다. 어머니 치매기가 먼저 와서 아버지가 걱정하며 매일매일 마사지 해 주셨는데, 그런 아버지가 먼저 위독해지실 줄 누구도 몰랐다.

종선이 눈물을 흘리며 아버지께 여쭈었다.

"지금 누가 가장 보고 싶으세요?"

그러자 이명재 장로가 힘겹게 입술을 움직여 대답했다.

"예수님이지."

그 자리에 있던 모든 사람들이 놀랐다. 가족이나 친척 중 누구를 보고 싶다고 하실 줄 알았는데 힘겨운 호흡 끝에 예수님이라 대답하실 줄은 몰랐다. 그 순간 아버지의 믿음과 소망을 다시 한 번 확인하게 되었다. 자녀들은 아버지를 고통에서 놓아 드리고 당신이 그토록 사랑하신 주 예수님 곁으로 보내드리기로 했다. 담당 의사는 인공호흡기를 제거하면 오늘을 넘기기 어렵다며 퇴원을 반대했다. 그러나 아버지의 십자가 고통을 더는 볼 수 없었던 가족들은 결단했다.

4월 23일 오후 2시경, 자녀들은 아버지를 병원 중환자실에서 집으로 모셨다.

"내 영혼이 은총 입어 중한 죄짐 벗고 보니……."

집으로 모신 바로 그날 저녁 7시경이었다. 명신이 아버지 곁에서 찬송을 불러드리던 중 아버지가 똑바로 누우시더니 아주 평안한 얼굴로 천국으로 떠나셨다.

이명재 장로의 장례식장에 많은 사람들이 찾아와 눈물을 흘렸다. 평소에도 먼 친척, 오랜 친구, 외국인 노동자 등 이웃들이 이명재 장로를 찾아왔었고, 지난 회갑연, 칠순잔치 때도 사람들이 줄을 서서 입장해야 할 정도로 북적였다. 장례식장에도 일가친척과 교인들과 지인들이 모두 와서 떠나는 길을 배웅해 주었다. 그동안 이명재 장로의 사랑과 기도를 듬뿍 받았던 이들이 모두 찾아와 그를 위해 눈물을 흘리며 기도해 주었다.

"하나님을 너무 사랑하셨기에 사랑하는 분이 계신 곳으로 가셨습니다."

대현교회 송경재 담임목사의 장례예배 설교에 모두들 눈물을 흘렸다.

보통 고인의 빈소 앞에는 향과 국화꽃 정도가 놓여 있지만, 이명재 장로의 빈소 앞에는 한평생 하루도 빠짐없이 하나님 앞으로 나아갔던 흔적들, 손때 묻은 낡은 성경책과 깨알같이 적은 성경 문구와 메모들, 형형색색 밑줄로 가득한 기도 제목들로 가득 했다.

마치 어린아이와도 같이 꾸밈과 가식이 없이 하나님을 진실로 사랑했던 사람. 이명재 장로는 국가유공자로 이천 호국원에 안장되었다.

20 아버지가 남긴 신앙과 믿음의 유산 : 후손들 이야기

종선 부부는 지금은 필리핀 선교 활동을 마무리하고 한국에 들어와 있다.

이종선 권사에게 아버지는 모든 면에서 완벽한 분이었다. 다만 성격이 너무 소심해서 기도하면서도 걱정을 많이 하는 편이었다. 보다 못해 이종선 권사가 아버지께 말씀드린 적이 있다.

"아버지, 절대 걱정하지 마세요. 아버지 기도 정말 땅에 떨어지지 않아요. 아버지는 오로지 자식들을 위해 기도하셨으니까, 걱정하지 마세요. 다 응답받을 거예요."

"그래, 믿는다."

하시며 비로소 마음을 놓으시던 아버지.

정말로 아버지의 기도는 땅에 떨어지지 않았다. 이런저런 힘든 일이 있었어도 4남매 중에 특별히 엇나가서 부모님 머리 싸매고 드러눕게 한 자식이 없었던 것은 아버지의 기도 덕분이었다.

아버지가 전화할 때 항상 첫인사는 사위의 안부였다. 사위가 당뇨병이 있어서 항상 걱정하셨다. 괜찮다고 말씀드리면 "참 감사하다. 감사하다." 하셨다. 모든 일에 감사하는 아버지를 보며 자랐기에 이종선 권사도 자기도 모르게 매사에 "감사하다…… 참 감사하다."고 말하는 스스로를 발견한다.

사위 이승태 장로는 장인어른의 기도가 우리 집안의 오랜 종교를 무너뜨렸다며 농담 삼아 말하지만, 그분의 기도가 온 가족을 하나님 앞으로 이끌어 주셨음에 감사하고 있다. 그분이야말로 법 없이도 사실 분이었다. 자식들을 위해서라면 무엇이라도 내어줄 분이었다. 참으로 존경스러운 분이다.

둘째 딸 이명신 권사가 필리핀에 있을 때였다. 아버지가 어떤 전도사를

이명재 장로 환갑 감사예배 (오른쪽부터 명신, 종선, 종익, 종필, 이명재 장로 부부)

칭찬하시는 말씀을 하신 적이 있었다. 시무하시던 교회에서 전도사로서 후에는 부목사로서 섬기던 분이었다. 그때는 그냥 흘려듣고 말았다.

세월이 흘러 아버지가 천국으로 떠나신 후 절망스럽고 고통스러운 나날이 이어졌다. 명신의 충격은 꽤 컸다. 동해로 부모님을 모시고 가게 된 것이 본인의 의지로 이루어진 일이 아니었지만 그래도 자신 때문에 아버지가 쓰러지게 된 것 같아 죄책감이 이루 말할 수 없이 컸다. 왜 그렇게 급하게 아버지를 불러가셨느냐고 하나님께 따져 묻기도 했다.

그렇게 숨만 쉬며 살아가고 있을 때 명신은 지금의 남편을 만났다. 그를 처음 본 순간 아버지의 눈빛과 너무 닮아 심장이 멎는 줄 알았다. 평생 이렇게 아버지의 눈빛을 닮은 사람은 처음 보았다. 바로 그 민경중 목사는 25년 전 아버지께서 대현교회 시무장로일 때 같은 교회에서 전도사와 부목사로 섬기다 미국에서 20년을 보내고 막 귀국한 상태였다. 그러니까 25년 전

같은 교회에서 민경중 목사와 이명재 장로는 시무장로와 수련교역자의 직분으로 함께하고 있었는데, 그 당시 명신은 필리핀에서 서울방송 리포터로 활동하며 대학원에서 상담을 공부하느라 민경중 목사와 이명신 권사는 얼굴을 마주한 적이 없었고, 훗날 안 계신 육신의 아버지 대신 하나님 아버지께서 두 사람을 중매하신 것이다. 이명신 권사와 민경중 목사는 2017년 3월 4일 세검정교회에서 결혼했다.

민경중 목사도, '깊은 대화를 나누어본 적은 없지만 어린아이와도 같이 환하고 맑았던 이명재 장로의 얼굴이 인상 깊었다'고 회상한다. 하나님의 역사로 이명재 장로와 가족의 연을 맺게 되었는데, 살아계셨더라면 장인어른과 사위로 마주 앉아 즐거운 시간을 함께하지 않았을까 아쉬운 마음이다.

하나님께서 '너보다 더 귀히 쓰겠다'고 말씀하셨던 딸 예솔이는 자라서 지금은 한동대학교 로스쿨을 졸업하고 국제 변호사가 되었다. 현재는 수서에 있는 회사 변호사로 근무 중이며, 2020년에 좋은 짝을 만나 결혼해서 잘 살고 있다.

큰아들 이종익 집사는 불안정한 생활을 많이 하다 보니 아무래도 아버지가 자신의 걱정을 제일 많이 하지 않았을까 생각한다. 예전에는 명절에 가면 너무 걱정만 하시니까, 명절 전에 인사드리는 것으로 대신하고는 했다. 해외에 건수를 만들어서 명절 전에 출국해 버린 적도 여러 번이었다.

어느 날은 아버지가 말했다.

"이제는 네 걱정을 안 한다."

그토록 걱정만 하시던 분이 그렇게 말씀하시니 이상했다. 아버지가 말씀을 이어나갔다. 새벽에 간절히 기도하다가 아버지는 하나님의 음성을 들었다고 했다.

'종익이는 내 품안에 있으니까 걱정하지 말거라.'

그 이후로 돌아가시기 전까지 아버지는 정말로 한 번도 걱정하는 말을 하지 않았다.

이종익 집사는 지금도 힘들 때면 아버지가 하셨던 말씀이 떠오른다. 하나님께서 종익이는 내 품 안에 있으니 걱정하지 말라고 하셔서 내가 이제 걱정을 안 한다고 하셨던 말씀. 그러면 내가 신앙 중심으로 살아야 하는데 이렇게 살아도 되는지 자신을 돌아보게 된다.

부모님과 또 많은 교인들이 이종익 집사를 위해 중보기도를 해주었다. 사람은 떠나도 그 사람의 기도는 살아있다는 말에 공감이 가는 것이, 많이 어렵다가도 항상 어려운 일을 비켜가게 되는 일이 생긴다. 너무 힘들어서 '돈이 급히 필요한데……' 하면 생각지도 못한 집에서 주문이 들어온다. '이번에는 비수기라 진짜 힘들 것 같은데……' 하면 절대로 그렇게 힘들게 놔두지를 않는다. 이런 일이 5년 동안 반복되고 있다.

그래서 어려운 가운데서도 정신을 차리고 신앙생활을 놓지 않으려고 노력하고 있다. 예전처럼 대충 막살았으면 몸도 망가지고 생활도 망가졌을 것이다. 다행히 몸도 아직 건강하고 일도 잘 유지되고 있다. 아직도 부족함은 많지만 하나님께서 어여쁘게 봐주시는지 어려운 일을 피해갈 수 있게 도와주신다. 이 모든 것이 아버지께서 돌아가시기 전에 응답받으셨던 기도가 이종익 집사의 삶 가운데 이루어지고 있음을 증거하고 있다.

아버지 돌아가시기 전인 2013년 설 즈음에 좋은 여자를 만나서 같이 인사드리러 갔었다. 아버지께서 "고맙다. 예쁘다." 하시며 무척 기뻐하셨다.

이제 아내가 된 정혜숙과는 이상하게도 갈등이 많았다. 신앙생활을 안 하던 사람이라 그런지 일주일에 열 번 이상은 싸우다시피 했다. 그러다 얼마 전에 혜숙이 의정부에 한복가게를 차렸다. 혜숙이 한복 주문을 받아서 이종익 집사가 양주의 공장에서 염색을 해서 제작한다. 이 한복가게가 혜숙이 교회에 같이 나가는 계기가 되었다. 가게를 열고 목사님이 가게에 와서 예배를 해 주셨는데 그때 이렇게 말씀하셨다.

"이 업장이 잘 되고 건강도 잘 유지되려면 이종익 집사 혼자만 예배 드려서는 효과가 없습니다. 정혜숙 성도가 같이 교회에 나와서 예배를 드려야 효과가 있지요."

그 말씀을 듣고 혜숙이 마음을 바꾸어서 교회에 같이 나가게 된 것이다.

예전에는 혜숙이 매일 아침에 일어나면 조영남 노래부터 틀었다. 그런데 이제는 아침에 일어나 무조건 찬송가를 틀어 놓는다. 아침부터 하루 종일 카세트로 찬양이나 목사님 말씀을 듣는다. 신앙생활을 어찌나 열심히 하는지, 둘이서라도 가정예배를 보자고 졸라서 일주일에 두 번 정도는 가정예배를 드리고 있다. 자기 전에도 귀에 이어폰을 꽂고 있기에 뭘 듣고 있나 들어 보면 목사님 설교말씀을 듣고 있었다.

얼마 전 부활절이었다. 보아 하니 목사님이 한복 단벌신사이신 것 같다며 혜숙이 자꾸 한복을 해드리자 했다. 그래서 목사님과 사모님 한복을 신경 써서 만들어서 가지고 갔더니 목사님 내외가 무척 기뻐하셨다. 그런데 그날이 마침 목사님 부부의 39주년 결혼기념일이었다고 했다. 20년 동안 한복을 단벌로 입으셨는데, 이제 두 벌이 되었다며 좋아하셨다.

매일같이 다투던 아내와 같이 교회에 다니게 되면서 싸울 일이 없어졌다. 이제는 아내가 종익에게 오히려 조언을 해줄 정도로 믿음이 깊다.

"제가 가장 아버지 속을 많이 썩여서 제 기도를 많이 해주신 덕분에 은혜를 더 많이 받는 것 같아요."

종익은 어떤 힘든 상황에서도 꿋꿋이 교회에 나가고 있다. 한복 작업을 하다가 자기도 모르게 찬양하고 있다는 것을 깨닫고 스스로 놀라기도 한다. 딸 박이한나는 뉴욕의 파슨스디자인스쿨을 졸업하고 디자이너로 활동하고 있다. 할아버지가 남긴 축복으로 사업가인 남편과 행복한 결혼 생활을 하면서 두 아이의 엄마가 되었다.

막내아들 이종필 권사도 지금은 좋은 사람을 만나 재혼했다. 현재는 부부가 인천에서 개인사업을 하고 있다. 아무도 예상치 못했던 코로나19로 상황이 좋지만은 않지만 그래도 잘 이겨내고 있는 것은 아버지가 심어주신 신앙의 힘 덕택이다.

종필은 주일 아침에 늦게 일어나서 아버지가 기다리다 못해 먼저 교회로 가 버리시던 때를 떠올리면 웃음이 나온다. 교회 일이라면 참으로 부지런하고 적극적이신 분이었다. 그런 아버지에게 효도하기 위해 토요일만이라도 술을 절제하고, 성가대 활동도 열심히 한 것이 결국은 자신에게도 이로운 일이 되었다. 아버지께 이만한 효도가 없으니 기쁘게 해드리려고 다녔던 교회가 이제는 삶을 지켜주고 있으니 이 얼마나 은혜로운 일인가.

아버지와 낚시라는 취미를 공유한 것도 무척 감사하고 행복한 경험이었다. 아버지를 모시고 살던 시절에 바쁘다는 이유로 더 많은 시간을 함께 보내드리지 못한 것이 못내 아쉽고 죄송하다.

단 한 번도 매는 커녕 험한 말 한 번 안 하셨던 아버지. 4남매를 키우면서 속 썩은 적도 많았을 것이고, 화가 치밀어오를 때도 많았을 텐데 어떻게 그렇게 회초리 한 번 들지 않으셨을까. 그 정도로 속으로 참고 인내하는 아버지였다. 너무 속상하면 밤중에 이불을 뒤집어쓰고 흐느껴 울면서 기도하는 분이었다.

이명재 장로 취임 축하예배에 참석한 가족들

　학구열이 높은 할아버지한테 붙잡혀 공부해야 했던 두 아들 영수, 성수
는 어느새 성장해 직장인이 되었다. 영수는 결혼도 앞두고 있다. 어렸을 때
는 엄격한 할아버지가 불만스럽기도 했지만 지금은 할아버지가 자신들의
미래를 위해서 최선을 다하셨다는 것을 마음 깊이 이해하고 감사한다.

　지금은 이렇게 4남매 모두 좋은 배우자를 만나 행복한 가정을 꾸리고
있다. 숱한 어려움이 있었지만 하나씩 극복하고 바른 길을 향해 나아갈 수
있었던 것은 모두 이명재 장로가 남긴 기도의 힘이었다.

　자녀들에게 항상 존경받는 아버지였다. '아버지'라는 말만 나와도 눈물이
날 만큼 그리운 분이다. 자녀들을 위해 모든 재산을 넘기고도 자녀들에게
부담되는 것을 무척 미안하게 생각하셨던 아버지. 더 줄 것이 없어 늘 안타
까워 하셨던 아버지. 말씀과 기도로 자녀들을 축복하셨던 아버지였다.

　"절대 형제간에도 보증서지 마라. 여유가 있으면 거저 주고 능력이 안 되

면 절대 보증서지 마라. 설사 형제와 가족 간에도 보증은 안 된다."

보증으로 어려움을 겪었던 그의 경험에서 나온 권면은 유언 아닌 유언이
되었다.

아버지는 온 가족이 신앙으로 하나가 되기를 늘 소망했다. 온 가족이 모
여 힘차게 찬송 부르고 예배드릴 수 있으면 그것만큼 행복한 일이 없었다.
부모로서 자녀들에게 재산은 물려 줄 수 없지만 신앙의 유산만은 꼭 물려주
고 싶어 했다. 두 아들과 두 딸, 그리고 손자 손녀들이 주 안에서 늘 건강하
고 주님의 자녀로 부족함 없이 이 세상에서 주님을 의지하며 잘 살아갈 수
있기를 항상 기도했다. 주님의 울타리 안에서 마음껏 뛰어놀기를 바랐다.

이명재 장로가 말년에 가장 많이 쓴 말이 '고맙다'와 '미안하다'였다.

자식이 매달 드리는 적은 용돈을 모아서 자신의 장례비용을 만들어 놓
고는,

"유산으로 남겨줄 재산이 없어서 자식들에게 미안하다"

고 했다. 하지만 아버지의 소망대로 자녀들에게 남긴 믿음의 유산은 자
녀들이 누리는 가장 귀한 유산이 되었다. 이보다 귀한 유산이 있을까?

자녀들이 가장 닮고 싶어 하는 건 아버지의 성실하고 변함없는 믿음 생
활이다. 이명재 장로처럼 신앙과 삶이 일치되는 사람이 없었다. 자녀들은
아픈 일이 있거나 무슨 일이 있을 때마다 아버지한테 늘 기도 부탁을 했
고, 그러면 아버지는 진심으로 기도를 해주셨다. 아버지의 기도는 늘 이루
어졌고 앞으로도 이루어질 것이다.

이명재 장로는 진정으로 하나님이 원하시는 삶을 살다가 사랑하는 하나
님의 품으로 돌아갔다. 그러나 그의 기도는 여전히 이곳에 남아 그가 사랑
한, 그를 사랑한 모든 이를 지켜주고 있다.

2부

15년간 하루 하루를 기록한 일기

아버지(이명재 장로)는 평생 일기를 쓰셨다. 하루도 빠지지 않고 쓴 일기를 보면 아버님이 얼마나 부지런하고 하루하루를 열심히 사셨는가를 알 수 있다. 여기에 기록한 일기는 아버님이 마지막 노년기를 보내신 1996년부터 2010년까지의 기록이다.

아버님은 평생 일기를 쓰시면서 너무 그 분량이 많아지자 어느날인가 그동안 보관해오던 일기를 과감하게 모두 버리셨다. 본인이 이것을 보관할만한 가치를 못 느끼셨거나 잦은 이사로 너무나 많은 노트가 부담이 되셨을 수도 있을 것이다.

그러다 보니 남은 것이 1996년부터 작고하시기 전까지의 일기 17권이었다. 이 내용을 다 기록해 옮길 수는 없었고 일기 중 아버님의 신앙과 열심, 자녀들에 대한 애틋한 사랑을 느낄 수 있는 부분만을 나름대로 옮겨 보았다.

일기는 아버님의 생각이나 단상을 기록한 것이기 보다는 하루일과를 보낸 사건 중심으로 기록하고 있다. 여기에 대한 느낌을 적은 것이 대부분이고 그 내용이 비슷해 일기 선별에는 애로가 있었다. 또 자칫 집안의 문제를 드러내 가족 간 우애를 거스르게 할 수 있지 않을까 걱정도 있었다. 그러나 아버님이 일기를 쓸 당시의 느낌과 상황을 간결하게 적은 것이기에 가족들도 충분히 이해하리라 믿는다.

정리하면서 일기 곳곳에 아버지의 숨결이 가깝게 느껴지는 부분이 참 많았다. 특히 오랜 기간 아버님과 함께 지내고 대화한 나로서는 일기장을 읽으면서 마음 깊은 곳에서 벅차오르는 슬픔과 회한을 억눌러야 했다.

아버님 80년 생애 중에서 15년은 20%도 안 되는 기간이지만 이중에서도 180여 일간의 일기만 이 지면에 간략히 옮겨 본다.

1996년

4월11일

새벽기도회에 참석해 드린 예배의 설교에서 많은 은혜를 받았다. 감사가 수없이 쏟아져 나온다. 눈물이 흐르고 또 흘러내린다. 주님의 은혜가 충만함을 느낀다. 주님이 나와 함께 하심을 느낀다. 하나님 감사합니다.

오늘 낮에는 김진홍 목사님 칼럼을 읽으며 많은 은혜를 받았다. 예수 안에 있는 것이 곧 안식이요, 믿음은 곧 평안이다. 오늘은 아침부터 은혜가 넘치더니 은혜가 연속이다. 더구나 오후엔 손양원 목사님의 따님 간증을 듣고 은혜를 또 받았다. 은혜가 충만히 넘치는 하루다.

저녁에 처형이 세브란스병원에 입원 했다는 연락이 왔다. 그의 영혼이 걱정된다.

4월29일

새벽기도회에 은혜를 받으면서 매일 새벽예배에 빠지지 않고 참석할 것을 하나님 앞에 약속했다. 새벽기도회 이 40분간의 시간이 하루를 여는 은혜의 시간이 아닐 수 없다. 하루를 기도와 말씀으로 시작하니 얼마나 복된 일인가.

새벽예배를 마치고 집으로 돌아와서도 잠을 더 청하지 않고 공부를 하기로 했다. 책도 읽고 부족한 부분들을 채워 나가고 싶다. 비가 종일 내리는 가운데 오후에는 안이숙 여사의 간증 저서 '죽으면 죽으리라'를 읽기 시작했다.

6월19일

연세대 연합신학대학원에서 하루 종일 일하고 6시에 나와 수요예배를 드리기 위해 버스를 탔다. 책을 읽기 시작했는데 정신없이 빠져들어 읽다가 고개를 드니 벌써 목적지에 다달았다.

오늘 에너지를 너무 많이 쓴 탓인가 시장기가 몰려와 교인이 운영하는 음식점에 가서 내장탕(4500원)을 주문해 먹었다. 예배시간이 빠듯해 빨리 먹었는데 평생 돈이 아까워서 자장면도 잘 못 사먹던 내가 이제 많이 변한 것 같다.

7월16일

하루 종일 교회 여름성경학교 준비 작업을 하는데 가서 도움을 주고 돌아오니 집에서 피곤하기 그지없다. 오랜만에 아들 종익이에게서 연락이 왔는데 걱정하던 부도를 1년 미루는데 합의를 보았다는 반가운 소식을 받았다. 하나님께서 은연중에 우리의 기도와 간구를 들어주심을 느끼고 믿으면서 감사를 드렸다.

10월6일

아침에 일어나 교회에 가려고 하니 어제의 피곤이 풀리지 않아 도저히 일어나기가 힘들어 눕고 말았다. 근 1개월간 연속해 입맛이 없고 체중이 3kg이나 줄었다. 내가 생각하기에 필경 암일 것 같다는 생각이 든다. 그렇다고 여기니 하염없이 눈물이 흐른다. 왜 눈물이 나오는지 모르겠다. 죽는 것은 두렵지 않은데 그동안 너무 고생을 해서일까. 아이들이 불쌍해서 일까. 눈물은 계속 흐른다.

12월11일

교회에 가려고 버스를 기다리는데 70대 중반의 초라한 노인이 몹시 괴로워 하며 서 있었다. 이 노인을 집으로 데려가 목욕을 시켜 드리고 쉬게 하고 아니면 병원으로 데려 가느냐 아니면 주일 교회예배가 중요하니 그냥 가야 한다는 2개의 마음이 내부에서 계속 싸웠다.

결국 예배를 가야 한다고 여기고 보니 그 노인이 어느 샌가 사라지고 없다.

1997년

1월7일

J집사 사망소식이 L권사로부터 날라왔다. 안타깝고 슬픈 일이다. 너무 빨리 천국에 간 것 같다. 어차피 가는 길이지만 그의 아내와 아이들이 걱정된다. 집을 찾아 위로예배를 7시에 드렸다. 나의 임종은 언제 올 것인가. 나는 평안하게 갈 수 있을까. 준비해야지. 정신 차려야지. 그리고 무엇을 남길 것인가.

"주님. 내가 나를 알게 하소서."

"다른 사람의 죄에 간섭치 말고 네 자신을 지켜 정결케 하라"(딤전5:22)

1월25일

아들 종필 내외가 모처럼 일찍 퇴근을 해서 가족 간 즐거운 시간을 가졌다. 처음으로 큰 상을 펼쳐 놓고 삥 둘러 앉아 성경을 펼쳐 놓고 성경문제를 풀어가며 가정예배를 드리니 하나님께서 기뻐 받으시는 것을 느낄 수 있다. 그 은혜를 느끼면서 감사드렸다.

오늘 인척인 지혜가 감리교신학대학교에 합격 했다는 소식을 들었다. 참으로 대견스러웠다.

"그러므로 예수께서 자기를 믿은 유대인들에게 이르시되 너희가 내 말에 거(居)하면 참 내 제자(弟子)가 되고 진리(眞理)를 알지니 진리가 너희를 자유(自由)케 하리라."(요한복음 8장31~32절)

2월17일

공장에서 책 읽을 시간도 없이 종일 서서 일을 하니 어깨와 다리 등 온전신이 몹시 아프고 피곤함을 이기기 힘들다. 몸은 고달프지만 할 수 있는 데까지 해야 한다. 나도 나지만 밀폐된 공간에서 아침부터 밤 10시까지 종일 일하는 직원들도 건강에 이상이 올까 걱정스럽다.

종필 내외는 오전에 대전 갔다 온다고 떠났다. 일과 후 집에 돌아와 피곤을 이기고 몸을 정돈한 뒤 신현균 목사가 인도하는 교회부흥회에 참석했다.

사실 너무나 피곤해 몸을 지탱하기 힘들었지만 은혜를 사모하니 모든 게 은혜롭고 피곤도 이겨낼 수 있었다. 끝까지 견디며 집회에 참석했고 오늘의 부흥회 주제는 '성령을 받으라'였다.

"내가 주의 법을 어찌 그리 사랑하는지요 내가 그것을 종일 작은 소리로 읊조리나이다 주의 계명들이 항상 나와 함께 하므로 그것들이 나를 원수보다 지혜롭게 하나이다" (시편 119편 97~98)

3월13일

공장일도 바쁘지만 교회에서 올해 임직자 중심으로 처음 기도원에 가는데 빠질 수가 없었다. 아니 당연히 가는 것이 우선순위가 맞다. 목사님과 사모님을 비롯해 교회 중직 20여명이 차를 나누러 타고 기도원에 모였다. 간단히 예배를 드리고 개인기도 시간을 가졌는데 각 자 기도굴에 들어가 1시간30분간 기도를 하기로 했다.

나도 기도굴에서 성령의 은혜와 능력이 임하도록 간절하고 뜨겁게 기도했다. 불같은 성령의 역사를 체험하길 간구했는데 시간이 부족한 것이었을까 체험을 못하고 내려오게 되었다.

J의 차를 타고 오는데 어느 샌가 인창동에 도착해 내렸다. 모두 헤어지면서 인사를 했는데 지금 생각하니 일행에게 차나 한잔 나누자고 권면하며 접대하지 못한 것이 아쉽고 미안한 생각이 든다. 내가 생각이 너무나 못 미친 것 같다.

"다만 이뿐 아니라 우리가 환난 중에도 즐거워하나니 이는 환난은 인내를, 인내는 연단을, 연단은 소망을 이루는 줄 앎이로다"(로마서 5장3절~4절)

3월26일

어제 밤에 교회에서 자는데 기침이 너무 심하여 잠을 못 이루었다. 더구나 나이 드신 여자성도님들과 큰 방에서 같이 자니 영 신경이 쓰이고 매사에 조심하려다 더 잠을 못잔 것 같다.

새벽기도회를 마치고 공장으로 가는데 너무 피곤해 하루 쉬었으면 했지만 일거리를 생각하면 가야 되어 출근했다. 그러나 오전 일을 마치니 더 이상은 힘들어 집으로 돌아왔다.

집에 와서 누워 한숨을 자니 몸이 부드러워지는 것을 느낀다. 인간의 몸은 피곤하면 쉬어야 하는 게 맞다.

아내가 어제 딸 명신이(둘째)와 통화를 했다. 내주 귀국하면 우리와 같이 미국에 가자고 했다. 부모를 생각하는 뜻은 참 고맙지만 이 형편에 어떻게 간단 말인가 갈 수가 없다. 그래도 자녀들 중에 명신이가 제일 부모를 생각하는 것 같다. 주님 자녀들에게 복을 내려 주소서.

"내 이름을 경외하는 너희에게는 공의로운 해가 떠올라서 치료하는 광선을 비추리니 너희가 나가서 외양간에서 나온 송아지 같이 뛰리라"(말라기 4장2절)

4월2일

오후 3시에 인사동에 가서 사군자 기법책을 구하려 골목마다 뒤졌으나 마음에 꼭 드는 것이 없다. 그냥 올 수가 없어 4만원에 3권을 사가지고 오다가 종로서적에 들렸다. 이곳엔 사고 싶은 책이 몇권 있었으나 너무 비쌌다. 이미 책을 산 터라 교회로 바로 향했다.

퇴근시간과 맞물려 교회예배에 좀 늦긴 했으나 설교말씀에 은혜를 받았다.

목사님 말씀이 "유치부에서 말썽만 피우던 아이가 이제 성큼 자라 뒷줄에 서서 열심히 찬송을 부르는 모습이 얼마나 보기 좋으냐고 하신다. 참으로 복되다고 하셨다. 내 입장에서는 손자 영수를 두고 하는 말씀처럼 들린다.

정말 생각해 보니 복된 일이 아닐 수 없다. 이렇게 교회 안에서 자라 소년 청년이 되고 장년 노년을 주 안에서 지내는 것이 가장 큰 복이 아닌가.

집에 오니 손자 성수가 기분이 아주 좋다. 하나하나 행동이 귀엽다.

"너희는 먼저 하나님의 나라와 하나님의 의를 구하라. 그리하면 이 모든 것을 너희에게 더하여 주실 것이다. 그러므로 내일 일을 걱정하지 말라. 내일 걱정은 내일이 맡아서 할 것이다. 한 날의 괴로움은 그 날에 겪는 것으로 족하다." (마태복음 6장33~34절)

6월12일

1년 전부터 오래 보아서 망가진 성경을 수리하려고 했으나 아무리 문의를 해도 수리하는 곳을 알 길이 없다. 새로 사도 되겠지만 오랫동안 읽느라 정이 든 성경과 이별하기가 섭섭하고 본문 종이는 손때만 묻었을 뿐 읽는 데 지장이 없어 수리를 원한 것이다.

수리를 해주는 곳이 없다면 오늘 특별히 할 일이 없어 망가진 성경을 수리 하기로 했다. 성경에 본드를 바르고 모시천을 대고 풀로 붙이고 바늘로 꿰매고 했더니 완전하진 않아도 원형으로 비슷하게 되돌아 왔다. 무슨 일이나 시작이 참 중요한 것 같다. 다음으로 미루는 것은 패배를 의미하는 것이라 여겨진다.

오늘 가정예배에서 처음으로 며느리에게 기도를 시켰다. 생각보다 곧잘 한다. 온 가족이 진실한 믿음으로 매일 예배를 드리는 것이 소원이다.

"사랑 안에 두려움이 없고 온전한 사랑이 두려움을 내쫓나니 두려움에는 형벌이 있음이라 두려워하는 자는 사랑 안에서 온전히 이루지 못하였느니라" (요한1서 4장18절)

12월3일

아이들과 함께 공장에 가려고 나섰으나 아이들이 막는다. 일거리도 많지 않으니 집에 있으라고 한다. 아내도 요즘 몸이 계속 않 좋아 누워있는 시간이 많다. 소소한 일에도 신경질을 많이 내는 것은 몸이 불편하기 때문일 것이다. 손자 성수는 잠시도 가만히 있지를 않아 우리를 힘들게 한다.

오랜만에 주어진 휴가에 목간을 하고 낮잠을 한숨 잘 수 있었다. 수요일이라 교회에 가고 싶은 생각이 굴뚝같지만 오고 가는 시간을 생각하니 엄두가 나지 않는다. 저녁 메뉴가 닭고기라 너무 느끼해 소주 한 잔을 곁들였다. 장로가 손주들 앞에서 술잔을 보이는 것이 영 민망하다.

"우리가 알거니와 하나님을 사랑하는 자 곧 그 뜻대로 부르심을 입은 자들에게는 모든 것이 합력하여 선을 이루느니라"(로마서 8장28절)

12월12일

일거리가 많지 않아 집에 있었다. 오늘은 금요일. 철야예배가 있는 날이다. 일정을 연세대에 들러 일을 보고 교회에 가기로 마음먹었다.

거리에는 아직 눈이 덜 녹아 미끄럼을 주의해야 할 것 같다. 교회에 가서 저녁 값을 아끼려고 8시까지는 견디었으나 맥이 빠져 예배드리기가 힘들 것 같았다. 교회 교인이 운영하는 식당으로 가서 내장탕을 한 그릇 비우니 속이 든든해졌다. 이렇게 교인들과 만나며 예배드리고 은혜 받는 시간이 너무나 좋다. 마음이 편안하고 기쁠 수 없다. 그러나 공장일도 그렇고 거리가 멀어 빠짐없이 올 수 없음이 안타깝다.

"나를 사랑하는 자들이 나의 사랑을 입으며 나를 간절히 찾는 자가 나를 만날 것이니라"(잠언 8장17절)

1998년

1월1일

새해 첫 날이다. 종필 내외와 우리 내외 4식구가 강남금식기도원 저녁예배에 참석했다. 얼마나 사람이 많은지 발 디딜 틈이 없다. 사람들 사이를 헤치고 들어가 자리를 잡았으나 의자가 아니고 바닥이라 엉덩이 뼈가 닿아 여간 불편하고 아픈 것이 아니다. 밤12시에 예배를 시작하여 2시경에 예배가 끝났는데 더 이상 머물러 있기가 힘들다고 판단했다.

은혜를 사모하는 성도들의 열망이 대단함을 느낀다. 강사 목사님의 설교도 큰 은혜가 되었다. 주변 환경 때문일까 내가 생각만큼의 큰 은혜를 받지는 못했지만 새해 첫날 종필이와 기도원을 함께 찾았다는데 큰 의미를 둔다.

2월11일

아이들을 재촉해서 9시에 정시 출근했다. 이제 겨울이 가고 봄을 맞이하려고 해서 그런가 다리 정강이가 땡기고 몸 전체가 동면에서 풀려나듯 긴장되고 아프다. 당연히 일하기가 힘들어져 늙는다는 것이 이런 것이라는 것을 몸으로 느끼게 된다.

몸을 생각하면 오늘 수요예배에 참석이 힘들지만 길을 나섰다. 예배에 빠지지 않는 것이 하나님이 기뻐하실 일이다. 또 도와주실 것이다.

교회에 도착하니 너무 힘이 없어 사발면(450원)을 하나 사서 물을 부어놓고 기다리는데 사모님이 보시고 찰잡곡밥과 반찬을 내어 온다. 덕분에 저녁을 든든히 잘 먹고 예배에 참석할 수 있었다. 말씀을 통해 큰 은혜를 받고 귀가했다.

3월17일

교회 C권사의 큰 딸이 어제밤에 심장마비로 세상을 떠났다고 한다. 3시에 입관예배를 드린다는데 참으로 비통하고 안타깝다. C권사 생각을 하면 당연히 가보아야 하지만 사망한 그 딸은 교회와 아무런 관련이 없어 교인들이 가야 하는지 판단을 하지 못하는 것 같은데 하지만 참석하는 것이 같은 성도의 도리라 여긴다.

요즘 가정예배에서 며느리에게 기도를 시켜보면 곧잘 한다. 참으로 대견스럽다.

9월 1일

오늘도 몹시 몸이 피곤하지만 공장으로 가는 것이 정신적으로 가장 편안한 것 같다. 오후 내 그런대로 일을 하고 며느리의 권유로 집에 돌아와 낮잠을 한숨 잘 수 있었다. 큰 며느리한테서 팩스가 왔는데, 자기 동생들과 모두 연락하여 이곳에서 일하기를 바라는 내용이었다.

그러나 여기 형편상 그렇게 할 수가 없을 것 같다. 종익이와 상의를 하고 결정을 해야겠는데 토요일부터 온다는 사람이 오지를 않고 있으니 답답하기 그지없다. 밤 10시가 되어도 아이들이 들어오지 않아 피곤하다는 이유로 자리에 눕고 말았다. 밤 11시가 넘어 잠에서 깨어 가정예배를 드리지 못함을 회개하면서 하나님께 기도를 드렸다.

9월 29일

공장에서 일을 하고 5시경에 돌아왔다. 종익이가 근 일주일째 공장에서 주야로 잠만 자고 있다. 일할 준비는 다 되어있는데 먼지만 쌓인다. 작업을 하라고 권유하지만 귀찮은 모양이다. 나로서는 하나님께 기도드리는 것 밖에 특별히 할 수 있는 일이 없는 것 같다. 어려운 환경 속에서도 사무엘하를 읽으면서 다윗이 압살롬의 반역으로 피난길에 있으면서 시무이의 비웃음 속에서도 그를 대적하지 않고, 하나님이 그를 통해 나에게 말씀하시는 것이라 믿고 오히려 기뻐하시는 것이라 믿는 것을 보며 참 믿음이 무엇인가를 깨닫게 된다.

10월 9일

연중 가장 바쁠 때인데 일거리가 별로 없다. 예년 같으면 나도 나가서 바삐 일을 할 것이지만 일이 없으니 집에 있게 된다. 아이들은 그래도 별 말이 없다. 너무 말이 없으니 때로는 답답할 때도 있다. 옛날을 생각하면 내가 부모님에게 말이 없을 때 부모님이 얼마나 답답하셨을까 이해를 하게 된다. 몸이 극도로 피곤하지만 교회에 가야한다. 오늘 내가 철야예배에서 대표를 맡았기 때문이다. 오늘 새벽 목사님 설교말씀은 약간의 의문을 갖게 한다. 육적인 복이 없으면 어떠한 문제가 있다는 것이다.

11월11일

저기압으로 날이 흐리고 찌뿌둥하다. 오늘은 수요예배에 빠져서는 안 되었기에 늦지 않으려면 공장에서 4시에는 일을 마쳐야겠는데, 마무리를 하다 보니 5시에 떠나게 되었다.

집에 들러 저녁도 못 먹고, 교회로 향해 열심히 기도하면서 뛰었다. 하나님께서 예배시간 지키는 것은 잘 지켜주셨다. 기도하고 또 감사드렸다. 내일부터 열리는 추수감사 특별새벽기도회에 참석하지 못할 것 같아 교회에서 잠을 자고 예배에 참석하기로 했다. 저녁을 교회에서 조용히 지내면서 나를 돌아본다. 아직까지도 나는 거룩함에 거하지 못하고 있다는 생각을 떨쳐버릴 수 없다.

12월 31일

연말이지만 아내 최 권사 치료 외에는 그 무엇도 생각할 여유가 없다. 어제에 이어 오늘도 최권사는 대장내시경 검사를 했다. 오후에 1055호 6인용 병실로 옮기게 되어 의료비용을 많이 덜게 되므로 마음이 좀 가벼워진다.

담당 의사가 오늘부터 치료에 들어간다고 알려준다. 어제부터 최권사는 화장실에 가는 횟수가 조금씩 줄어든다.

병원에서 밤 10시경부터 12시까지 집으로 전화를 계속해도 손자 영수가 받는다. 두 내외가 연말이라 밖에 나갔을 것이라 이해는 하지만, 아쉽게 생각하고 넘어간다. 송구영신 예배에 전 가족이 참석치 못하여 어두운 마음으로 1998년을 보내는 것이 너무나 아쉽다.

1999년

1월9일

아내 최권사가 22일만에 퇴원을 했다. 통화하면서 듣던 까랑까랑한 목소리와 강단 있던 모습이 병상생활을 하면서 전혀 보이지 않는다. 집에 오자 그대로 눕고 힘을 잃고 있다. 아마 근 2주간이나 제대로 먹지 못한 후유증일 것이다.환자의 식사와 부작용에 대해 몹시 신경이 쓰인다.

그래도 아내가 옆에 누워 있으니 나는 정신적으로 안정되는 것 같다. 아내도 그러할 것이다. 오늘은 며느리가 가정예배를 인도하여 잘 드렸다.

2월16일

오늘은 우리 고유의 명절 설날이다. 종익이가 오지 못했다가 저녁에 들어와 다행이었다. 큰딸 식구들과 명신이랑 모두 모여 밤 10시가 되는 이 시간까지 각 종 오락을 하며 즐겁게 놀고 있으니 부모인 나로서는 흐뭇하다.

미국 LA에서 큰 며느리로부터 전화가 왔다. 그 고생을 하면서도 잊지 않고 전화를 해주니 참 고맙기 그지없다. 한나와 통화 시에는 목에 메어 말을 할 수 없을 지경이다. 수화기를 아내에게 넘겨주고 흐르는 눈물을 닦느라 애를 먹었다.

황수관 박사가 TV에 나와 '젊게 사는 방법'이란 제목으로 강의를 하면서 가장 가까운 것이 어머니요 부부간이란 말을 들으면서 어머니의 사랑을 되새기며 또 눈물을 흘렸다. 앞으로 안식구에게 좀 더 잘해야겠다고 마음먹는다. 웃으며 살자. 기뻐하며 살자. 감사하며 살자.

3월4일

금곡 양병원에서 지어준 약을 먹어도 완쾌되지 않고 속이 거북하여 조금씩 걱정이 된다. 그래도 공장에 가서 일을 거들었다. 몸이 약하여 힘이 들지만 일을 하는 것이 오히려 편안하다.

8시에 집에 들어와 2학년으로 진학한 영수의 공부지도를 했다. 공부에 관심을 보이지 않고 의욕이 없는 것 같아 특별히 관심을 가져야겠다는 생각을 했다.

113

밤이 깊어지면서 몸이 점점 불편해진다. 콧물 기침 감기가 심해져 가는 것 같다. 민선이가 늦게 들어오는 바람에 밤 12시나 되어서야 가정예배를 드렸다.

4월15일

치과에 가서 2시간 치료를 하니 너무 지루하고 고통스러웠지만 걱정도 앞선다. 치료비가 근 100만원은 있어야 되겠으니 나에게는 너무나 큰 액수가 된다. 치아만 튼튼해도 몇 백만 원은 절약되는 것이 아닌가 여겨진다.

수요일 장로회 모임에서 대전의 S교회 목사님을 모시기로 결정 되었지만 의견이 분분하다. 교회 일은 입이 무거워야 함을 느낀다. 비밀로 해야 할 일이 금방 새어 나가곤 한다.

4월29일

오늘은 대전 S목사님이 우리 교회로 오시는 날이다. 12시 반에 도착하셨다. 여선교회에서 반갑다고 난리가 났다. 사모님은 보면 볼수록 예절이 몸에 밴 사람 같다.

점심을 푸짐하게 준비를 해서 교회가 풍성한 잔치를 벌이는 것 같다. 성령께서 강하게 역사하는게 느껴진다. 나도 최선을 다해 사역을 돕고 전도하겠다는 다짐을 한다.

오늘 영수 어미가 몹시 피곤한 모양이다. 저녁 일찍 누워버리고 만다. 겨우내 기침하는 것이 지금까지 낫지 않으니 걱정이 된다.

5월27일

난 왜 이럴까. 할 일 없이 집에 있으면서도 성경을 펼치기가 힘이 든다. 텔레비전과 취미로 하는 난(蘭)에 마음과 눈이 더 간다.

정신을 차려야 하겠다. 거의 텔레비전에 신경을 쓰지 않고 잘 보지 않던 내가 요즘 여기에 할애하는 시간이 많아졌다. 무엇이든 주님 보다 더 사랑하면 그것은 우상이다.

기도해야 할 제목이 얼마나 많은가. 계속 이어지는 교회예배에 대표기도를 해야 하고 오후예배 설교까지 잡혀 있다. 오늘 가정예배는 사도행전 24장16절 말씀으로 설교했다. 아 구절이 큰 은혜를 내게 준다.

"이것으로 말미암아 나도 하나님과 사람에 대하여 항상 양심에 거리낌이 없기를 힘쓰나이다"

7월15일

12시에 교회로 가서 교우들과 빌립전도대와 금북초등학교에 가서 전도를 했다. 처음엔 어색했지만 하면 할수록 자신이 생기는 것 같다. 목사님은 교회 행정일도 바쁠 것 같은데 꼭 참석하시는 것에 미안한 생각이 든다. J 권사가 열심히 봉사하는 것을 보면 든든하고 참 고맙다는 생각이 든다.

식사를 하고 점심값 영수증을 만들었지만 이를 000장로에게 청구할 일이 조금은 걱정이 된다. 내가 능력이 되면 시원하게 접대했으면 좋으련만 마음이 착잡하다.

어제 종선 내외에게 우리 집에 와서 보신탕을 먹으라 했더니 오늘 왔다. 맛있게 부부가 먹는 모습을 보니 흐뭇하다. 은혜스럽게 예배를 드리고 잠자리에 든다.

11월4일

며칠째 청명한 날씨가 계속된다. 아침기도가 끝나면 의례히 신문을 펼쳐 오던 수년간의 습성을 깨뜨리고 며칠 전부터 구약은 3장, 신약은 1장을 읽기 시작했다. 이 성경읽기를 마친 후 다른 일을 시작하니 마음이 가볍고 홀가분하다.

오늘은 거의 왼종일 난대(蘭臺)를 만들었지만 미완성된 채 하루를 마감했다. 최권사는 잠에 취해 있어 나 혼자 기도를 드리고 하루를 마감했다. 주님 감사합니다.

11월18일

명신이가 내일 밤까지 경주출장을 가게 되어 아내와 성수와 함께 예랑(예솔)이네 집으로 갔다. 도착 후 저녁에 종익이 작업장에 들러 보았다. 비교적 정리가 깔끔하게 잘 되어 있고 안정이 된 것 같다. 듣던 것과 틀려 안심이 된다.

주희가 경기대학교에 합격했다는 소식을 접하고 얼마나 기뻤는지 모른다. 특차로 합격한 것이지만 이전에 필리핀 학교에 들어간 것도 모두가 하나님께서 예정하신 일이라 믿고 하나님께 감사드린다. 축하하는 뜻으로 주희 아범이 저녁을 냈다.

2000년

1월3일

평강교회에서 지난 주일저녁 예배 시 받은 설교말씀(사도행전16장)에서 받은 은혜가 오늘까지 작용한다.

자녀들 사업문제로 늘 불안하고 머리가 복잡하던 것이 거의 맑게 회복된 것 같다. 오늘 가정예배에서도 그 말씀을 중심으로 전 가족이 함께 은혜를 나누었다.

왜 그럴까. 내 나이가 이제 아직 70이 안 넘었는데 하나님께로 갈 날이 점점 가까워오는 느낌이다. 그래서 하나님께 약속한 것들을 속히 행하고 싶은 생각이 든다. 아침 눈뜨면서 기도로 시작하고 하루를 마감하고 잠들면서 기도로 끝내자.

2월25일

손주 성수가 유아원에 갔다 오더니 바로 나에게 달려들어 양 볼에 뽀뽀를 하고 1000원을 달라고 손을 내민다. 어린아이가 벌써 돈을 알고 이런 행동을 하니 귀여우면서도 안타깝다.

현재 형사소송에 휘말려 형무소에 가 있는 K집사에게 편지를 써서 목사님께 드렸다. 부족한 글이지만 받아보고 조금이나마 위안이 되었으면 좋겠다. 그를 돕고 싶은 마음이 굴뚝같지만 도울 길이 없다.

한국 정치는 관심을 갖고 싶지 않은데 그렇게 되지 않는다. 오늘도 교회에 다녀오다 정치를 여러 각도에서 비평하는 현대주간지를 사들고 와서 밤 1시경까지 열독하였다.

5월12일

지난 9일간 명신이가 우리 부부 성지순례를 보내 주어 잘 다녀왔다. 성경 속의 현장을 눈으로 보니 강행군으로 몸은 피곤해도 너무나 기쁘고 감사하고 은혜가 넘쳐 기도가 절로 나왔다.

서울을 출발 이집트 카이로에서 비행기를 내려 시내산을 거쳐 이스라엘의 예루살렘을 중심으로 성지 곳곳을 여행하는 코스였다. 지금은 지명이 일부 바뀌었지만 성경 속에 등장하는 현장에 가서 가이드의 설명을 들을 때마다 읽었던 성경말씀이 고스란히 기억나면서 내가 마치 2000년 전 그 시대로 돌아간 듯한 느낌을 받곤 했다. 기독교인이라면 성지순례를 반드시 다녀 와야 한다는 생각이 든다. 다녀오면 믿음과 영성의 폭이 커지고 넓어지게 된다고 믿는다.

가장 기억에 남는 장소는 예수님이 고난 당하신 골고대 언덕과 예수님이 사역하시고 제자를 부르신 갈릴리 언덕과 바다였다. 이 모든 것을 보게 하고 느끼게 하고 은혜받게 해주신 하나님께 감사 드린다.

5월18일

우연히 대구 B병원장 부부의 간증을 들으며 좀 더 부지런해야겠다고 다짐한다. 영적으로 또 육적으로 게으름은 하나님 앞에 죄가 될 수 있다.

오늘은 교대역에서 장로들과 미국에 계신 백승기 목사님과 식사 약속이 있어 나갔다, 백 목사님이 내가 섬기는 대현교회를 떠난지 20년이 되었다고 한다. 많이 늙으셨다. 나도 그렇겠지. 다행히 지금 미국 감리교단에서 연금을 받으시는데 매달 1000불이 나온다고 한다.

6월17일

평안한 하루를 집에서 보냈다. 아침에 일어나 제일 먼저 성경을 읽기로 하나님 앞에 약속을 했는데 오후 4시 반이 되어서야 어린이놀이터에 앉아 성경을 읽게 되었다.

신앙생활 하는데 TV가 얼마나 방해가 되는지 모르겠다. TV의 악영향으로 어린이들 동심은 물론이지만 공부에도 엄청난 지장을 초래하게 된다.

밤에 명신이가 왔다. 종선이 집에 사놓은 마늘 8접을 싣고 왔다. 예랑(예솔)이가 동시 14개를 외워서 상을 타왔다고 한다. 모두 하나님의 은혜이다.

7월28일

오늘 우리 교회에서 오후 4시에 성동지방 장로회의가 있었다. 같은 교회 000 장로가 회장이니 아니 갈 수도 없다. 동대문시장에 볼 일이 있어 다녀오면 회의에 늦을까 노심초사 했는데 다행히 시간을 맞추었다.

중고등부 수련회에 학생들이 성경구절을 엄청나게 빨리 찾아 읽는 것을 보며 놀라움을 금치 못했다. 우리 손자들을 생각하니 내가 더 열심히 잘 가르치지 못한 것 같다.

9월28일

평강교회 새벽예배에서 많은 은혜를 받고도 온 종일 시드니 하계올림픽을 시청하느라 많은 시간을 보냈다. 그러니 마음 한 편이 평안하지 못했다.

오늘 아침 목사님 말씀과 같이 비전을 향하여 열심히 흔들리지 말고 끝까지 달려가야 한다. 옆도 뒤도 돌아보지 말고 오직 앞만 향하여 달려가야 한다. 오늘의 게으름을 회개한다.

새벽예배에 빠지지 말고 꼭 참석해야 하겠다. 그러나 이것도 결국 성령께서 도와 주셔야만 가능함을 안다.

10월 20일

지난 4일간 일본 가고시마 여행을 잘 마쳤다. 많은 것을 보고 잘 먹고 의미 있는 여행이었다. 공항에 도착해 집에 오니 5시 반이 되었다. 그동안 패키지 여행을 하며 함께 했던 사람들이 하나하나 기억난다. 그 중에서도 얌전하면서도 항상 의젓하고 기품 있게 행동했던 한 부인이 기억에 남을 것 같다.

집에 가까이 오니 놀이터에서 놀고 있던 성수가 참 반갑고 귀엽다. 영수는 자신의 장난감 선물을 안 사왔다고 투덜댄다. 경비로 쓴 40만원이 어디로 샜는지 분실한 것만 같은 느낌이 든다.

12월 22일

종필 내외가 크리스마스를 앞두고 교회 모임에 열심히 참석했다. 작업장 일도 바쁠 텐데 작업시간을 단축하면서까지 참석을 하니 하나님의 은혜임을 깨닫고 감사를 드린다.

금요철야예배에 위층 두 내외와 함께 다녀왔다. 교회에서 김밥을 얻어 위층 성도에게 전해 주니 그나마 마음이 가볍다. 분명 주는 것은 받는 것보다 복이 되는 것 같다.

120

2001년

1월 30일

조선일보 1월호에 장기려 박사에 대한 기사를 읽고 많은 감동을 받았다. 그의 아들 장가용 박사가 아버지의 성품을 한마디로 말한 것이 참 인상적이다. 장기려 박사는 욕심이 전혀 없다는 것이다. 물욕도 성욕도 명예욕도 전혀 없다고 한다. 성경말씀에 따라 어려운 이웃을 위해 사는 것 그것뿐이다. 남한으로 내려온 것도 하나님 말씀을 따라 살기 위함이었다고 한다. 크리스천으로써 성인과 같이 살고 있는 장기려 박사가 참으로 존경스럽다.

4월 4일

다음 주일 오후예배 설교원고를 간신히 완성했다. 오늘 H목사가 수요예배 설교를 한다고 해서 일찍 교회에 나갔는데 너무나 큰 은혜를 받았다. 그 목사님이 그토록 신령하신 줄 몰랐다. 설교말씀을 들으면서도 성령으로 충만해 있음을 역시 영으로 느낄 수가 있었다. 그렇다. 내가 주님께서 함께 계심을 믿고 주님이 나와 함께 있음을 남이 보고 인정을 해야 한다. 나 자신의 그동안의 삶이 어떠했을까. 눈을 감고 나 자신을 돌아보며 조용히 반성하는 시간을 가져본다.

4월 7일

아내 최 권사는 해외출장 간 명신네 집을 봐주러 가고 종필 내외는 나도 함께 가기를 원하고 있다. 잠시라도 자유롭게 지내고 싶은 마음을 이해한다. K집사 빈소에 다녀왔다. 그토록 위하여 기도했던 K집사님이 어제 소천하신 것이다. 교회 오느라 힘든 고갯길을 몇 번이고 쉬면서 교회에 참석하시더니 이제 하나님께서 그의 영혼을 받으셨을 것이라 믿는다.

이제 나도 K집사님을 위해 기도했던 기도제목이 하나 사라진 셈이다. 하나님께서 K집사에게 가장 좋은 자리를 마련해 주시기를 기도한다. 빈소에서 부조를 3만원 밖에 못하여 미안하기도 하고, 장로라는 직분 때문에 체면이 서지 않는 것 같지만 하나님은 아실 것이라 믿고 위로를 받는다. 나는 그래도 최선을 다했다고 생각하고 싶다.

4월 23일

서울 광화문 정동교회에서 이재은 목사 회고록 출판기념 감사예배에 참석했다. 우리 감리교회에서 평생 큰일을 많이 하신 분이시기에 존경스러운 것은 당연지사인 것이다. 사람이 평생에 무슨 일을 했느냐, 어떻게 살았느냐 하는 것은 참으로 중요한 일이다. 하지만 주님 앞에서는 크고 작은 일보다, 얼마나 믿음 안에서 진실 되게 살았느냐가 중요하다고 생각한다.

5월 8일

오늘이 어버이날이다. 명신이는 해외 출장가고, 종필이가 명신이네 집에서 만나자고 한다. 예랑 성수와 함께 명신네 집으로 가서 문정동 어느 영양탕 집에서 종선 가족들과 종익이 식구 등 10여명에서 식사를 했다 아내 최 권사와 나에게 자녀들이 각각 용돈을 준다. 식사를 하면서 종익이가 대표기도를 드렸다. 눈시울이 뜨거워졌다.

6월 8일

책속에 나타난 여러 신앙인들을 만나보지만, 원종수 박사의 어머니 김철례 권사의 신앙을 따라가는 사람은 드물 것 같다. 김철례 권사의 마음속에는 완전히 예수의 영으로 가득 차 있는 것 같다. 자손들에게 보내는 편지글 속에는 하나서부터 열까지 성경말씀으로 격려하는 내용들뿐이다. 나도 그렇게 되고 싶다. 꼭 그렇게 되고 싶다.

7월 7일

오늘 나의 칠순 기념으로 담임목사님을 모시고 교회에서 기념예배를 드렸다. 가까운 혈육들이 많이 있는데 초청하지 못하여 미안하기 그지없다. 그래도 제법 내 형제, 친척들이 와서 고맙게 여겨진다. 종익이도 그 어려운 환경 속에서도 웃음을 잃지 않으니 고맙다. 교회 장로들과 친척들 모두 마음에 걸린다. 칠순기념으로 자녀들이 유럽여행을 다녀오라고 하는데, 이 모든 것은 자녀들이 지나치게 지출을 해야 하는 것인데 마음이 편하지가 않다.

8월7일

가끔 약한 비가 조금씩 내리지만 비로 인해 지열이 식으니 기온도 조금 내려간다. 종필이가 내일 수요예배에서 대표기도 담당인데, 내가 기도문을 작성해 주기로 했다. 어제부터 시작한 기도문이 오늘 밤 11시에나 완성됐다. 신앙이 깊으면 힘든 일이 아닌데, 기도는 지식으로 하는 것이 아니다. 그러므로 믿음 없이 기도하려면 참으로 힘들다.

9월9일

참으로 오랜만에 시골 큰골교회에 가서 예배를 드렸다, 주일날 자기가 섬기는 교회를 떠나 타 교회에 가서 예배를 드린다는 것이 쉽지가 않다. 종친회 총회에 참석하는 것이 목적이었는데, 마음에 걸리는 부분이 있다. 그러나 할 수 없는 일이 아닌가. 숙모님께 인사를 드리고 나서 용돈을 드리지 못한 것이 미안하고 마음에 걸린다. 주변 인척들께 좀 더 잘해드리지 못해 마음에 걸리는 일들이 많다. 주머니가 넉넉하면 얼마나 좋을까 생각해 본다.

12월 25일

온 가족이 성탄예배에 참석했다. 그 어느 해 보다 만원을 이루었고, 풍요로웠다. 꽉 찬 성도들을 보며 장로들 모두 흐뭇해하는 것 같다 목사님 설교는 은혜스럽고 대단하다. 명신이가 원순이 차량으로 예솔이와 함께 왔다, 1월 중으로 예솔이 귀 수술을 해야 할 모양이다. 명신이는 1월4일부로 동해복지관장으로 부임을 한단다. 하나님이 함께 하시기를 소원한다.

2002년

1월2일

어제 예약한 구리병원 X선과에서 사진을 찍으니 암이 번져 있다고 한다. 태연하려고 했지만 왠지 눈물이 흘러내린다.

오혜령 시인은 "인간은 언제나 죽음을 조용히 기다리는 존재"라고 했는데 맞는 말이다. 어차피 인간은 왔다 가는 것. 병을 고친다 해도 결국은 또 죽음이 다가오는 것이다. 그래서 인간세상은 계속 이어져 가는 것이다.

하나님의 섭리는 누구도 거역할 수 없다. 그저 잔잔히 순응하며 가는 것이다. 내일은 구리 한양대 병원에 가서 최종 검진을 해야 한다. 내 질병을 통해 하나님께서 함께 하심으로 그 뜻을 깨닫고 평안을 얻기를 간구한다.

1월13일

암(癌)이라는 무서운 진단을 받고도 평안한 마음으로 예배에 참석했다. 많은 사람들이 염려와 안부를 물으며 용기를 준다. 왠지 자신이 생기면서도 사람들 앞에서 태연하게 보이려고 애를 쓴다.

M집사가 작은 며느리를 통해 위로편지와 함께 5만원을 봉투에 넣어 보내왔다. 참으로 고마우면서도 미안하기 그지없다. 내일 아침 또 예랑이를 데리고 병원에 가야 하겠다.

1월15일

한양대 병원에서 위(胃) 사진 최종결과를 본 결과 모두가 정상이란다. 그동안 암이라는 엄청난 마음의 감옥에서 해방되는 순간이었다.

옆에서 아내 최 권사가 애타하는 모습을 보면서 나를 더욱 강하게 만들었던 것 같다. 이 모든 것을 하나님께 감사드린다.

돈 주고도 살 수 없는 큰 경험을 했다. 합력하여 선을 이룬다는 성경말씀은 바로 이런 경우를 두고 하는 말이 아닐까.

여기에다 명신이에게서도 기쁜 소식이 들려왔다. 하나님께서 인도하실 것을 믿으며 더욱 더욱 영광을 올려 드린다.

2월18일

어제 밤새도록 잠을 자지 못했다. 아내 최권 사와 의견차이로 갈등이 생겼는데 서로가 양보하지 않았던 것이다. 내가 사과를 함으로 일단락은 되었지만 아직 분위기는 냉랭하다.

사실 부부간이지만 먼저 사과 한다는 것이 쉽지 않다. 자신이 부족한 것을 인정하고 상대가 옳았다고 해주는 것인데 지나고 보면 결국 아무 것도 아니고 사과한 것이 아름다운 것임을 느끼게 된다. 사과한 쪽이 마음이 편한 것은 이것이 하나님의 방법이기 때문일 것이다.

3월20일

명신이로부터 4월22일 일본 북해도로 우리 부부가 여행을 가라며 예약을 했다는 연락이 왔다. 자기도 살기 힘든데 해마다 부모 해외여행을 준비한다는 것이 보통 사람으로는 생각도 할 수 없는 일이 아닌가.

신앙이란 참으로 위대한 것이다. 많이 쌓아두고도 가난하고 구차하게 살아가는 것이 대부분 사람들의 모습이다. 없으면서도 여유 있게 부자로 행복하게 살아가고 있으니 대견스런운 딸이다. 하나님께 감사드린다.

3월24일

오늘 종려주일이다. 예루살렘에 입성하시는 예수는 말 탄 장군이 아니라 나귀새끼를 타고 조용하게 입성하셨다. 누구나 남보다 높아지고 대우받고 싶어 하는 것이 인간의 본성이다.

그래서 주님은 낮아지라고 말씀하신다. 몇 년을 지나오며 아침 저녁으로 중보기도해온 지혜가 드디어 교회에 나왔다. 눈가에 눈물이 핑 돈다. 불쌍한 것, 귀여운 것, 하나님께서 무한하게 복 내려 주시기를 빈다.

내일부터 특별 새벽기도를 드리기 위하여 이 저녁에 또 교회에 가서 자야 한다. 그래야 새벽기도회에 차질 없이 참석할 수 있기 때문이다. 주님 제 삶을 인도하여 주시옵소서.

5월11일

종필이 차편으로 이천 큰골 밭에 갔다. 종필이 한복사업이 일어나면서 고향에 땅을 샀다. 나는 흙과 관계가 있는가 보다. 그렇지 않으면 관심 때문일까. 농지나 밭에 가면 이곳저곳 손을 보아야 할 곳이 너무나 눈에 많이 띈다. 농사일이 적성에 맞는 것 같다.

이곳 사시는 숙모님이 또 점심을 준비해 주셨다. 노인이신데 너무 미안한 생각이 든다, 그렇다고 갑자기 돈을 드릴 수도 없는 일이다.

대흥교회 목회자 초청이 잘 되었으면 좋겠다. 하나님이 원하시는 뜻이 교회를 통해 잘 이루어졌으면 하고 기도드린다.

6월7일

종익이와 몇 주째 전화가 되지 않는다. 사업에 어려움을 겪고 있는 것은 알겠지만 너무나 마음이 아프고 신경이 쓰인다. 나로서는 도움을 줄 형편이 아니니 어찌할 도리가 없는 것도 안타깝다. 하나님께 기도하며 맡겨드릴 수 밖에 없어 기도할 때마다 종익이 기도를 빠뜨리지 않는다.

종필이는 아침 일찍 낚시를 가고 며느리는 하루 종일 전화 한 통 없다가 10시경에 들어왔다. 마음이 편하지 않은 하루다.

8월25일

강원도 동해로 낚시를 떠날 예정이었지만 왠지 마음이 내키지 않았다. 무엇보다 예배 후지만 주일에 떠난다는 것 때문이었다.

그래도 가려고 강릉행 버스표를 구입하려 터미널까지 가서 표도 구입했지만 결국 안 가기로 하고 명신에게 취소 전화를 했다. 잘한 것 같다. 주일에 낚시를 간다는 것은 주님의 뜻이 결코 아닐 것이다.

오늘 교회에서 사모 자녀의 교육 간증을 듣고 은혜를 많이 받았다. 그분은 딸 교육을 시키며 성령의 역사와 은혜로 과외도 안 시키고 타 학생들보다 우수하게 교육을 시켰다고 한다.

10월7일

아시아경기대회가 막바지에 이른다. 이번 대회는 북한도 참석해 관심을 끈다. 남한이 앞서면 기쁘고 뒤지면 마음이 편치 않다. 매일 매일 경기를 텔레비전에서 보느라 아무 일도 못하고 게을러지기만 하는 것 같다.

그동안 민선이가 아침에 일찍 일어나 영수 방 컴퓨터에 앉아 있고 밤에도 새벽2시까지 컴퓨터를 작동하고 있어 도대체 무엇을 하는지 영 못마땅하고 의심했는데 자동차 면허시험을 준비하고 있었음을 알게 되었다. 대화는 이래서 참 중요한 것이다.

12월15일

열심히 기도하며 준비한 주일 대표기도를 나름대로 하나님께 잘 올려드린 것 같아 기쁘다. 분명 성령께서 도와 주셨음을 믿으며 감사를 드린다.

그런데 원로장로 모임에서 아무 생각 없이 남의 이야기를 나눈 것이 못

내 마음에 남아 있다. 입에 자갈망태를 씌우라는 성경 말씀이 떠오른다. 남에 대해서는 부정적인 말을 쉽게 해서도 안 되고 않 좋은 이야기를 들었 더라고 또 이것을 아무 생각 없이 옮겨서도 안 된다는 생각이다.

나도 남의 이야기를 들은 대로 곧잘 하는 것은 아닌지 반성하게 된다. 부정적인 이야기는 한쪽으로 듣고 다른 쪽으로 흘러버리고 좋은 이야기 덕 담만 나누자.

2003년

1월3일

곽선희 목사님이 TV설교를 통해 하시는 말씀에 은혜를 받았다. 빌립보 서 4장 3절 말씀. 그 이름이 생명책에 있다는 말씀은 삶의 의미와 가치가 이 안에 있다는 뜻이다.

어렵다 힘들다고 병들었다고 걱정하지 말라. 다 아무것도 아니다. 생명책 에 이름이 있는 것을 기뻐하라.

결국 모든 것에 지유하고 마음을 비울 수 있는 신앙이 필요하다는 결론 이다. 영적으로 성숙하고 성령으로 충만해야 얻을 수 있는 경지라 여겨진다.

2월10일

어제 장로수양관에서 열린 각 선교회 회장들과 지역장 세미나에 며느리 가 못가서 내가 대리 참석을 했다. 밤 11시까지 진행된 프로그램이 나름 은 혜스러웠다. 그런데 여선교회 회원들은 밤 1시가 넘도록 수양관이 떠나갈 듯 큰소리로 이야기한다. 잠자리 때문에 걱정을 했는데 C집사가 신경을 써 주어 편안한 잠을 잤다.

오늘 아침은 아침 식사 후 LG스키장을 관람하고 사우나를 한 뒤 점심식 사를 하고 귀가했다. 어제는 나름 행사를 했지만 오늘은 신앙중심의 행사 라기보다는 인간적인 기분전환에 목적을 둔 일정이었다. 다 의미가 있겠지 만 개인적으로는 아쉬운 생각도 든다.

2월22일

L장로의 장로취임을 축하하고 담임 목사님의 생일축하를 겸해서 장로님 들 내외까지 초청해 호텔에서 뷔페식사를 대접했다. 사실 내 형편에 고급 식당에서 식사하는 것이 너무 어색하고 부담도 느끼지만 남을 접대하는 것 도 최선을 다해야 한다는 생각에 무리를 한 부분도 있었다.

다들 잘 드시고 좋은 시간이 되어 흐뭇했다. 나는 자녀들이 효도하는 마 음으로 만들어준 호주와 뉴질랜드 여행을 오는 28일부터 10여일간 다녀오 게 된다.

감사하고 기쁜 일이지만 내가 생각하기엔 애비로서 자녀들에게 너무 부 담을 주는 것이 아니가 싶어 이래저래 마음이 무겁다. 아직 어린 손자들을 보려면 우리가 있어야 하는데 10여 일간 손자들이 얼마나 힘들까. 그저 주 님께 맡기는 마음뿐이다. 주님이 지켜 주시길 간구한다.

3월9일

호주와 뉴질랜드에서의 관광이 꿈같이 흘러갔다. 좋은 것을 보고 좋은 음식도 먹으니 좋지만 우리 때문에 힘들 손자와 자녀들을 생각하니 마음이 편치 않은 여행이었다.

오늘 마지막 일정은 어제 오클랜드호텔에서 숙박하고 아침 5시 반에 공항으로 나가 귀가 길에 올랐다. 비행기는 8시간 날아간 홍콩을 거쳐 1시간 반을 머물다 다시 5시간여 비행해 한국 공항에 도착했다.

올 때 공항면세점마다 들려 손자들 선물을 사려고 부지런히 돌아 다녔지만 매우 비싸기만 하고 마땅한 것이 없어 사지 못한 것이 자꾸 마음에 걸렸다. 오랜 여행 끝에 집에 도착하니 밤12시20분이었다. 집이 최고다.

4월29일

어제 밤에 약을 복용하고 자서 약기운 때문인지 밤새 뒤척이지 않고 편안한 잠을 잤다. 오늘 교회 여선교회 모임이 있는데 비도 내리고 감기기운이 계속되어 최 권사만 갔다가 왔다.

다음 주일 예배 대표기도라 준비를 했다. 나이가 많아지면서 점점 기억력이 퇴보 되어 가는 것을 실감하게 된다. 기도문을 작성하고 몇 번 읽으면 곧 암기할 수 있었는데 이젠 점점 힘들어진다.

강산은 흐르고 흘러도 변함이 없지만 인간은 흐르면 흐를수록 연약해지고 쇠퇴하는 것은 자연의 순리이다.

5월9일

배추 몇 푼 더 싸게 사려고 최 권사가 어제도 오늘도 흑석 농협에 가서 줄을 서 있다가 몇 시간 만에 집에 돌아온다. 아마 배추 값이 금값이라 일인당 2포기씩만 싸게 준다고 홍보를 했는데 사람들이 많이 오는 모양이다.

나에게도 같이 가자고 했으나 남자가 줄을 서서 기다린다는 것이 창피하기도 하지만 부부가 함께 가서 더 많은 양을 산다는 것이 양심에 꺼려진다.

오늘은 금요예배에 앞서 지하철 전도가 있어 오후 3시에 교회에 전도대원들이 다 모였다. 이곳저곳 흩어져 전도를 한 뒤 오늘은 C권사가 저녁을 샀다. 돈은 이렇게 C권사처럼 사용하면 참으로 가치가 있는 것이라 여겨진다. 돈을 내 만족과 내 쾌락을 위해서만 사용하면 그것은 결국 돈이 독이 될 수 있고 죄가 될 수 있다.

7월1일

오늘까지 3일 째 부모님과 조부모님 묘소에 가서 잡초 제거작업을 다 마무리했다. 이 3일간 땀을 얼마나 많이 흘렸는지 모른다. 잡초와의 싸움이자 무더위와의 싸움이었다. 물도 얼마나 마셨는지 모른다. 힘은 들었지만 깔끔해진 묘소를 보니 내 마음도 상쾌하다. 노동의 땀은 언제나 결실이 있다.

8월4일

요즘 마을 독서실에서 대부분의 시간을 보낸다. 하나님께서 나에게 내려주신 선물처럼 여겨진다. 내 처지나 환경으로서는 가장 알맞은 장소라고 할 수 있다. 눕고 싶으면 눕고 공부하고 싶으면 공부할 수 있는 가장 적합한 공간이기 때문이다. 하나님께 감사를 드린다.

이런 기회가 내게 계속 주어지지는 않을 것이다. 기회를 놓치지 말고 책을 많이 읽고 공부도 많이 하자.

정몽헌 현대회장이 창에서 뛰어내려 자살을 했다는 뉴스가 나온다. 원인은 알 수 없다고 하는데 아마 불법적인 일로 검찰 조사를 받았는데 가책과 스트레스 때문이 아닌가 싶다.

9월 22일

오랜만에 맑은 가을 하늘이 보이며 햇빛이 따사롭게 느껴진다. 신문 보도에 의하면 지난 5주간 주말마다 비가 내렸고 장마가 심해 각종 곡식과 채소가 이로 인해 큰 피해를 입었다고 한다.

정치가 불안하니 정치 사회 경제 무엇 하나 온전한 것이 없다. 이번 여름에 온 장마와 폭풍으로 남해안과 동해안 피해액이 4조원이 넘는다고 한다. 이러니 민심이 흉흉하고 정치는 외면 받고 있다.

그리스도인으로서 내가 할 수 있는 일은 이 나라를 위해 기도드리는 일밖에 없다. 하나님이 붙들어 주시면 안 되는 일이 없다. 하나님, 우리나라를 지켜주시옵소서. 붙들어 주시옵소서.

12월 15일

지인들에게 보낼 성탄카드를 사러 남대문시장을 가려고 마음을 먹었는데 최 권사가 자신이 경동시장을 다녀와야 한다고 선수를 치는 바람에 집에서 하루 종일 지냈다.

그나마 강아지 예삐가 있어 심심치는 않다. 고놈이 얼마나 애교를 떠는지 암놈이라 더 그런 것 같다. 요즘 발정기인 것 같은데 좋은 수컷이 나타나 교배를 시켜주어도 좋을 것 같다. 온 식구들의 사랑을 한 몸에 받고 있어서인지 어쩔 때는 너무 우쭐거리는 것 같은 기분도 든다. 6층의 노선생이 강아지를 3마리나 키우는 심정을 이해할 수 있을 것 같다.

12월 31일

종필 부부와 우리 부부 4명이 한해를 보내고 한해를 맞는 송구영신예배에 참석했다. 예배당이 빈틈없이 꽉 채워진 가운데 예배를 드리니 흐뭇하고 기쁜 가운데 예배를 드렸다. 평소에도 이랬으면 좋겠다고 생각한 것은 내가 그만큼 교회에 대한 애정이 크다는 의미도 있을 것이다.

나는 성도들 한 사람 한 사람이 너무나 반갑고 고마운 마음에 일일이 손을 잡고 축복했다. 목사님도 흐뭇하고 즐거운 표정이셨다.

전 교회적으로 부흥의 조짐이 보이는 것 같다. 교회에 생기가 넘치고 감사가 넘치고 있다. 2003년의 마지막 날이다. 올 한 해를 돌이키면 나로서는 삶에서나 신앙 면에서 게으른 한 해였다는 생각이 든다. 그래서 송구영신 예배에서 회개의 기도도 드렸지만 새 해는 더 열심히 삶과 신앙에서 성공할 수 있기를 간구했다. 그리고 새해는 TV 보기를 최대 줄이자고 다짐했다.

2004년

1월 3일

꿈같은 한해가 지나가고 신년 3일이 번개같이 다가왔다. 지난 해 연 초에 한사람 전도하겠다고 전도카드를 성경갈피에 끼고 다녔는데 허사였다. 교회 장로라고 하면서 얼마나 게으른지 하나님 앞에 형편없는 한해였음을 깨닫게 된다. 이제 한해를 또 시작하면서 주님 앞에 바로서서 하나님이 기뻐하시는 일을 할 수 있도록 기도해본다. 우리는 슬기로운 5처녀와 같이 준비를 해야 한다. 믿음의 열매가 있어야 하지 않은가. 하나님 올해 2004년은 진정 하나님이 원하시는 삶을 살게 해 주시옵소서.

2월 7일

남을 미워하는 것은 살인 행위와 같다고 했는데, 지금 정치인들이 왜 그렇게 미운지 모르겠다. 전직 대통령을 따라 반미 성향인 것이 그 첫째 이유일 것이다. 하지만 남을 미워하는 것은 어떤 이유에서건 하나님 앞에서 용납될 수 없는 일이다. 남을 미워하기 전에 조용히 하나님께 기도하면서 하나님께 맡겨드리는 것이 신자로서의 당연한 모습이며 마땅한 도리 일 것이다. 하나님께 불순 했던 것들을 회개해야한다. 하나님아버지 불 신앙적 이었던 행위를 용서하여 주시옵소서.

3월 29일

하루 종일 무의미한 시간을 보내다가 저녁에 CTS 크리스티 김 선교사의 설교를 시청하면서 큰 은혜를 받았다. 신앙은 싸우는 것이라고 한다. 마귀와 싸우는 것이다. 게으름과 싸워서 이겨야 한다. 주변 환경과도 싸워서 이겨야 한다. 싸워 이기기 위해서는 하나님의 전신갑주를 입으라. 우리의 싸움은 혈과 육에 대한 것이 아니요, 암흑세계의 사탄들과 하늘에 있는 악의 령들에게 있다. 그런 즉, 서서 진리의 허리띠를 하고 의에 향배를 붙이고 평안의 복음이 예비한 것으로 신을 신고 모든 것 위에 믿음의 방패를 가지라.

4월 27일

오후에 병원에 가서 영수 약을 지어 왔다. 손자가 무엇인지 교통비도 시간도 아까운 것을 모르겠다. 그래서 인간 역사는 사람의 수가 필경 들어가는 것이리라. 사람의 본능이지만 자기 자녀 보호하는 데는 생명까지 아끼지 않는 것을 볼 수 있다. 모든 자연은 신비함 속에 쌓여 있지만 결국 거슬러 올라가면 창조주의 순리인 것이다. 아내 최 권사가 춘천 명신이네 갔다. 예랑이를 돌보기 위해 내일 밤까지 거기서 지내야 할 것이다.

7월 16일

비가 내리는 가운데 교통이 불편해 공장에서 집으로 중간에 돌아갈까 하다가 그대로 교회를 향해 달렸다. 오늘이 베드로 남선교회 헌신예배인 줄 몰랐는데, 오늘이 바로 그날이었다. L장로를 전철역에서 만나니 날더러 철야예배에서 기도를 하라고 부탁한다. 교회에 도착하니 K장로가 또 나에게 예배에서 기도를 했으면 좋겠다고 한다. 철야 헌신예배에서 대표기도를 드렸다. 하나님께서 도와주시고 인도해 주심으로 준비를 못했지만 기도를 잘 할 수 있었다.

7월 20일

오늘부터 교회 유초등부 하계성경학교를 안 가볼 수가 없어 5만원 후원금을 전달할 겸 방문했다. 모두들 반가워한다. 교회에서 돌아오는데 온몸이 피곤하여 발걸음이 천근은 되는 것 같다. 요즈음 돈이 너무 과다하게 지출이 된다. 내일도 중앙병원에 예약이 되어 있어 가 보아야 한다. 오늘도 7만 원가량이 지출되었는데 나로서는 큰돈이 아닐 수 없다.

8월 21일

영수 성수를 데리고 목욕탕에 다녀왔다. 두 머슴애지만 장난이 너무 심해 신경을 많이 쓰게 된다. 이들 두 아이 공부시키는 것이 그렇게 힘들 줄 몰랐다. 아무리 힘들어도 본인들이 필요성을 느끼고 열심을 내면 공부지도

가 수월하겠는데 두 놈 모두 할아버지가 두려워 마지못해 공부하니 내가 더욱 힘이 드는 것을 느낀다. 나에게 맡겨진 두 손자 잘 교육시켜 사회에서 인정받는 사람 만드는 것이 목표다.

9월 10일

어제 교회에서 K장로의 부탁을 받고 오늘 아내 최 권사와 함께 두미리에 가서 은행을 땄다. 사실 매우 힘들었지만, 남을 돕는다는 것은 기쁜일인 것 같다. 나의 가정 형편과는 비교도 안되게 풍요로운 김장로지만, 그를 돕고 나니 마음이 기쁘고 가볍다.

성경을 읽고 기독교인으로 천국을 소유한 후 나의 성격은 완전히 변했다. 나의 모든 사고가 변화됐다. 내가 구하던 그것이 무엇이든지 간에 내게 있어서 아무의미가 없게 되었다. 이 성경구절을 읽고 은혜를 받았는지 온 몸에서 기도하고 싶은 힘이 솟구쳐 오른다.

9월 25일

아무리 좋은 일이라도 시작을 하지 않으면 아무것도 아니다. 나의 일생은 꿈만 꾸며 지내온 것 같다. 무슨 일이든 엄두를 못 내고 지나가다가 잊고 그렇게 지나갔다.

오늘 커튼 수리를 해야겠다고 생각해오다가 최 권사의 도움을 얻어 베란다 커튼을 수리하기 시작했다. 내 생각엔 내일까지는 해야 끝날 것으로 여겼는데, 불과 서너 시간 만에 깔끔한 커튼이 완료됐다. 무슨 일이든 시작하면 된다.

10월 13일

최 권사가 배추 한포기에 500원이라며 시장에 가더니 여러 시간 만에 트럭에 꽤 많은 양의 배추를 싣고 왔다. 갑자기 김장을 한다는 것이다. 나는 12월 중순으로 김장 할 것을 생각하고 있었는데, 무려 1개월이나 앞당긴 것이다.

예부터 김장을 너무 일찍 하면 배추가 너무 익어버리는 것을 종종 볼 수가 있었다. 나는 신 김치하고는 상극이라 나도 모르게 은연중 화가 치밀었다. 배추가 싸다고 성급하게 김장을 하겠다는 생각이 이해되지 않았다.

그래서 최 권사에게 불평한 것을 지금 생각해보니 너무 성급했던 것 같다. 이 화를 잘 다스릴 수 있어야 하는데, 최 권사에게 미안하다.

12월 14일

최 권사가 아침 출근 때마다 믹서기에 마를 잘 갈아서 우유와 혼합해 나와 종필이, 며느리까지 3컵을 모두 마시게 한다. 최 권사는 보람을 갖고 정성을 다해 매일아침 꼭 건강주스를 만들어 준다.

72세의 할머니인데 자기는 먹을 생각을 않고 젊은 며느리에게 먹으라고 권하는 모습이 아름답기 그지없다. 성수가 오늘 생일이다. 저의 할머니가 닭튀김을 주문했는데, 저녁에 다 모이면 함께 먹자고 한다.

성수가 시험성적을 가지고 왔다. 국어, 수학, 과학, 사회 점수가 85점, 85점, 90점, 95점 조금은 아쉽지만 대체로 잘 보았다고 격려해 주었다.

2005년

1월 17일

평안한 하루를 보냈다. 모든 불안과 두려움, 고통을 은혜와 말씀으로 모두 물리쳤다. 말씀이 전신갑주가 되어 나의 영혼과 심령을 위로해 주었다. 오직 믿음, 오직 말씀, 오직 은혜만이 나의 삶에 승리를 가져오게 할 수 있다.

2월 10일

온 식구들이 늦잠에 취해있다. 낮 11시, 12시가 되어서 하나 둘 일어난다. 일어나는 대로 최 권사가 밥을 차려준다. 불평도 하지 않는 최 권사다. 나이 73세이면 인생의 황혼기가 아니던가. 인생은 이렇게 사는 것이 당연지사인가. 딸도 있고, 며느리도 있는데 무엇인가 잘못된 것이 아닌지 생각된다. 그렇지만 인생이란 그저 그런 것이리라.

2월 22일

김영애 권사가 지은 책, '갈대상자' 간증집을 읽었다. 큰 은혜를 받으며 책에 빠져들었다. 하나님의 역사하심을 경험하며 살아가는 김영길 박사 부부생활은 살아있는 신앙 간증이다. 한동대학교 총장이면서, 유명한 과학자로 창조과학회를 설립한 세계적인 석학이다. 나도 의심 없는 그런 신앙인이 되었으면 한다.

하나님은 잠시도 우리 곁을 떠나시지 않으시고 직시하고 계신다. 나는 그것을 의식하지 못하고 멋대로 살았음을 후회하게 된다.

3월 15일

오늘 우리 집에서 담임목사님과 담당 전도사님 그리고 여러 집사님들과 함께 춘계 대심방 예배를 드렸다. 점심식사를 영양탕 집에 가서 전골 8인 분을 시켜 접대했다. 그런데 전부 밥은 잘 안 먹고 고기만 맛있게 드는 것 같아 돈은 많이 들었지만 보람을 느낄 수 있었다. 식대가 16만원이나 된다. 원래는 10만원을 예상했는데 내 형편에 너무 과용했다. 그러나 마음은 기쁘다.

5월 17일

어렵게 어렵게 아산병원에 입원 중에 있는 L집사를 방문하고 왔다. 그 딸이 간병하고 있었고 나와는 초면인데 인상이 아주 좋아 보인다. 환자가 무엇이라 이야기를 하는데 나로서는 거의 알아들을 수가 없다. 그렇지만 나는 알았다는 신호를 환자에게 보내며 고개를 끄떡거렸다. 그를 위해 간절히 기도하고 돌아오면서 딸에게 3만원을 건넸다.

6월 25일

오늘이 내 생일이다. 74회, 많이 살았다는 생각이 든다. 종선이는 연락도 없고 종익이는 못 온다고 전화가 왔다. 전 자녀와 손자가 다 모였으면 했는데, 뜻대로 되지 않는다. 어제 Y씨가 우리 집에서 K집사와의 관계로 인해 폭언 하는 것에 온전함으로 대하지 못한 것이 후회로 마음에 남아 있다.

9월 13일

오후부터 비가 내리기 시작하더니 온종일 쏟아진다. 장마가 들까 걱정이

든다. 공장에도 또 물이 새어 번지지는 않을지도 걱정이다. 왠지 요사이 불
안해진다. 정년 때 불안했던 기억이 자꾸만 되살아난다. 불안은 마귀가 주
는 것이다. 성령은 희락과 화평이다. 기도하자.

10월 10일

종필이가 허리 수술한다고 전화가 왔다. LG백화점 앞에서 택시를 타고
병원을 찾아갔더니 수술실에 들어갔다고 한다. 걱정이 되지만 하나님께 기
도를 드리는 수밖에 별 도리가 없다. J집사와 담임목사님이 와서 기도를 해
주셨다. 점심식사를 접대해드리고 가시게 한 뒤, 다시 병실에 와서 종필이
를 위해서 기도했다. 하나님께서 아들을 완치되게 도와주실 것이다.

10월21일

조선일보사에서 아내에게 보내는 사랑의 글을 공모하는 광고를 보고 나
도 한번 써 보기로 했다. 며칠을 걸려 이 편지를 쓰고 오늘 여기 일기에 옮
겨 본다.

아내에게 보내는 편지

여보, 당신은 17세, 나는 18세 철없는 나이의 두 사람이 부모님의 뜻에
의해 한 쌍을 이룬지 55년을 맞아 당신은 72세, 나는 73세가 되었으니 인
생은 꿈이라 했던가요? 마치 꿈을 꾸고 있는 것 같소이다.

나는 선천적으로 타고난 내성적 성격 때문에 결혼 55주년을 맞도록 당신
에게 사랑한다는 말 한마디 건네지 못하고 지내오다가 9월 23일 조선일보
1면에 아내에게 주는 사랑의 편지 공모 광고가 눈에 들어오면서 문득 지금
까지 말로 못한 당신의 대한 사랑의 표현을 글로대신 쓰고 싶은 생각이 들

어 필을 들게 되었소이다.

55년을 함께 살면서 생일 선물은 말할 것도 없거니와 생일날짜, 결혼날짜 한번 제대로 기억해주지 못한 나에게 당신은 단 한 번도 한마디의 불평불만 없이 오직 변함없는 사랑과 꾸준히 자기 일에만 충실했기에 오늘날까지 평안한 가정이 유지되어 온 것 아니겠소.

나이가 사람 만든다는 옛말이 있지만 내 나이가 깊어가면서 당신에 대한 나의 무관심했던 일과 내 자신에 대한 무능을 조금씩 깨달아 가면서 당신을 비롯한 우리 전 식구들이 고생하는 것을 나의 탓으로 돌리게 되면서 겸손히 조용히 머리 숙여 묵상하는 시간이 많아진 것 같소.

70고개를 넘어선 당신이 이제는 좀 쉴 때도 되었는데 그럴 형편이 못되어 가정 전체의 살림과 손자들을 맡아 기르는 당신의 모습을 지켜보며 미안함과 안타까움을 금할 수가 없어 당신의 힘을 덜어줄 수 있는 일이라면 무슨 일이건 돕고 싶으니 내가 당신의 일을 도울 때 만류하지 마시오.

매일매일 하루일이 끝나고 의례히 나는 책상위에 책을 펼치고 당신은 피곤에 지쳐서 조용히 요 위에 눕지 않소. 그때마다 나는 당신 옆에 내려 앉아 당신의 팔다리를 안마하며 주무르다 보면 팔다리의 근육은 탄력을 잃어가고 힘들어하는 당신 모습 속에서 인생이란 이런 것인가 의아해 하면서도 너무너무 안타까워 눈시울을 적시곤 한다오.

내가 저녁마다 당신한테 봉사하는 것 짐스럽게 생각 말아요. 당신이 나를 사랑하는 것에 비하면 아무것도 아니지 않소. 당신으로부터 고맙다는 말을 들을 때마다 오히려 그 말이 짐스럽고 부끄러워지는 것을 느끼오. 내가 당신과 집에 같이 있는 시간이 많기에 당신이 전 가족 하나하나에게 마음을 쓰고 봉사하는 모습을 지켜보며 많은 것을 깨닫게 되고 배우게 된다

142

오. 당신의 손자손녀들의 사랑은 할아버지인 내가 손자를 사랑하는 것과는 비교될 수 없는 고귀하고 위대한 사랑이라고 말하고 싶소.

할아버지의 사랑은 조건적인 사랑이라면 할머니인 당신의 사랑은 무조건적인 사랑, 무한정의 헌신적인 사랑이라는 것을 쉽게 느낄 수가 있었소. 기독교 역사 속에 살아 숨 쉬고 있는 성자의 칭호를 받고 있는 여러 성자들의 배후에는 끊임없는 그들 어머니의 정성어린 기도가 있었다고 하는데, 당신의 자녀 손을 향한 사랑과 헌신적인 삶을 보면서 그 말씀이 사실로 받아들여지는 것은 너무나 자명한 일 같소.

당신이 열일곱 살의 어린 나이로 우리 집에 들어온 후 오늘날까지 보통 사람으로는 해낼 수 없는 헌신적인 봉사의 열매로 오늘의 손자들까지 건강하게 착하게 자라고 있으니 참으로 자랑스러운 할머니요.

여보, 때로는 그 흔한 환갑잔치, 칠순잔치 한번 차려주지 못한 무능한 내 자신을 탓하며 당신이 너무 불쌍하고, 안타까워 가슴이 미어지는 아픔을 견디지 못할 때도 있었다오. 사랑은 눈물의 씨앗이라는 노래가 있듯이 지금도 이 글을 쓰는 순간, 어디에 고여 있다가 봇을 타고 사정없이 흘러내리는지 억제할 수가 없구려.

여보, 행복은 환경에 있는 것이 아니라 마음속에 있다오. 비록 삶이 힘들고 어렵더라도 하나님의 사랑 안에서 서로 아끼고 사랑하면 그 곳이 바로 천국이라오. 성경 속에 많은 선진들이 그렇게 살아가지 않았소.

여보, 내가 어느 때가 제일 행복한지 아시오. 23년 전 어머니 돌아가시기 전 어머니 방에 들어가 좀 더 편안하시게 팔다리 주물러 드리지 못한 것이 가슴에 한이 맺혀 괴로워하던 중, 이제라도 어머님에게 못해드린 그 일을 당신에게 직접 해줄 수 있다는 것이 왜 그렇게도 평안하고 행복을 느낄 수 있는지 모르겠소. 그러니 당신의 힘을 덜어주고 피곤을 덜어주고 편안해질 수 있는 일이라면 무슨 일이던지 협조를 구하면 기쁨으로 응하리다.

여보, 금년 11월 결혼기념일과 당신 생일날에는 평생 처음이지만 꼭 선물을 하고 싶소. 아니 꼭 할 거요. 조선일보사에서 베푸는 행운권도 당신에게 돌아올 거라 믿소. 당신의 손을 꼭 잡고 어디론가 걷고 또 걷고 싶소. 오래오래 살으시오. 죽도록 사랑하리다.

2005년 10월 21일

11월 9일

제주도 비행기 여행은 처음인 것 같다. 명신이가 여행준비를 잘 해주어 무사히 비행기를 탈 수 있었다. 제주에 도착하자마자 월드비전 제주 지부장이 저녁식사와 수요예배 교회장소까지 잘 안내해주어 편안한 하루를 보냈다. 오늘 난생처음 말고기도 먹어볼 수 있었다.

12월 23일

종필이 내외가 몇 일간 크리스마스 이브 준비를 했는데, 오늘 교회에서 그것을 발표하는 날이다. 나 역시 몸은 좀 불편하지만 기쁨으로 참석했다. 만족할 만큼 모두들 아주 잘했다. 유초중등부 여성교회 남성교회 모두모두 잘했다. 하나님께서 내려 보시고 기뻐하시는 모습이 눈에 보이는 것 같다. 우리 성수와 함께 관람을 해서 성수도 좋은 경험이 되었으리라 믿는다.

2006년

1월 9일

식사를 함께 하려고 K장로에게 전화를 넣었더니, 형이 사망해 장례식을 치렀다고 한다. 사람의 생명이란 알 수 없지만 K장로를 위로하고 식사는 다음에 하기로 했다. 인간은 하루 아니 한치 앞도 알 수 없는 것이다. 하루 하루 최선을 다해서 하나님 말씀에 순종하며 살아야 한다. 기도와 성경말씀을 통해 나의 삶을 늘 점검해야 할 것이다.

2월 6일

밤새 눈이 내려 새벽기도회에 가는데 집 앞을 쓸기로 했다. 300m 되는 거리를 땀을 뻘뻘 흘리며 쓸었다. 사람은 참으로 간사한 동물 같다 .자신이 아내를 사랑한다고 그렇게 장황한 편지를 쓰고도 오늘 몸이 괴롭다고 많은 시간을 누워있으면서 불편한 심기를 아내에게 드러내는 것이다. 나는 저녁마다 있는 힘을 다해 아내의 몸을 마사지 해주곤 했다며 아내가 나를 더 잘해주길 기대하는 것이다. 이렇게 수시로 변하는 내 모습을 보며 실망을 하게 된다.

4월 10일

교회에서 열리는 겟세마네 특별 새벽기도회에 참석하기 위하여 교회에서 자기로 했다. 아침에 출발해서는 새벽기도 시간에 도저히 올 수가 없기 때문이다. 그러나 교회에서 밤을 지새우는 것이 그렇게 힘들 줄 몰랐다. 내가 밤에 화장실을 자주 가는 것도 이유지만 잠자리가 불편해 더 피곤을 느

낄 수밖에 없다. 하지만 새벽예배는 은혜스러워서 늘 눈물로 예배를 마치
곤 한다.

6월 16일

신문 조선일보 중앙일보, 문화일보, 동아일보 4부를 몇 시간에 걸쳐 중
요 기사를 거의 다 읽으며 하루를 지냈다. 정부와 여당의 잘못하고 있는
것을 지적하는 기사가 많이 실렸기 때문에 신바람이 난 것이다. 모든 불안
한 문제들을 하나님께 맡겨드리고 마음의 평화를 유지하며 살아야겠다고
몇 번이고 다짐하지만, 내 뜻대로 되지 않으니 이 또한 나의 근심이다.

7월 28일

수 주간 병원에 입원 치료 중에 있는 J권사 병문안을 한 번도 못 갔는데
오늘 퇴원을 했다고 한다. 수년간 내가 치료받을 때 위로금 5만원 받은 것
이 생각이 나, 그것도 갚을 겸 꼭 내가 병실을 찾아갔어야 했는데, 다음 주
일에나 교회에서 만나 마음을 전해야 될 것 같다.

9월 5일

어제 새벽예배에 K목사님이 설교를 했는데, 참으로 너무 오래간만에 은
혜로운 설교를 들었다. 내용은 자세하게 기억이 나지 않지만 마음을 비우
고 성령을 받아야 한다는 것이다. 성령 없이 구원도 없단다. 같은 설교를
다시 한 번 들었으면 좋겠다는 생각이 든다.

10월 12일

교회 임원들이 광림수도원에서 특별기도회로 모였다. 약 30여명이 몸을 사리지 않고 뜨겁게 기도하는 시간을 가졌다. 교회에 열심히 봉사하는 임원들이 있으니 미래가 보이는 것 같다. 기도회에서 목이 터져라 하고 하나님께 부르짖었다. 기도회를 마치니 몸이 좀 가벼워지는 것을 느낀다.

12월 31일

나는 확실히 신경과민성 질환을 가지고 있는 것 같다. 아직 현실로 다가오지도 않은 일을 앞당겨 걱정하고 부정적 사고로 나 자신을 묶어놓곤 하기 때문이다. 걱정이 시작되면 고통이 온몸에 젖어오면서 힘이 다 빠져 나가는 것 같다. 오늘도 신문을 읽고 나니 나라의 운명이 곧 위기에 직면한 것으로 생각하고 걱정에 빠져 교회에서 계속 기도를 드렸다. 명신이가 뉴욕에 출장 갔다가 오늘 오후 6시에 인천공항에 도착한다고 했는데 8시 반경 늦게 도착했다고 전화가 왔다. 하나님께 감사를 올린다.

2007년

1월26일

오늘도 연이어 속이 편하다. 이대로 모든 거북한 몸의 부위가 정상으로 회복되었으면 좋겠다. 사람이란 간사하기 짝이 없는 존재다. 조금 아프면 실망하고 좀 나으면 교만하기 짝이 없다. 신림동으로 이사 온 후 보름 정도만에 처음으로 강아지 예뻐를 데리고 뒷동산에 올라갔다. 예뻐가 깡충깡

충 좋아하는 모습이 흥겹다. 마치 어린이가 숨바꼭질을 하는 것 같아 혼자 웃었다.

산 주변을 보니 주민들이 산림보호를 너무 안하고 막 사용한 것이 눈에 띈다. 사람이 자연을 보호해야 자연도 사람을 보호해 주는 것인데 안타깝다. 환경을 보면 주민들의 수준도 알 수 있을 것 같다.

2월10일

새벽에 일어나 화장실에 다녀온 뒤 속이 출출한 것 같아 붕어빵 케익 하나를 먹었다. 그런데 온종일 명치가 아프며 속이 불편하다. 식사도 거르고 있다가 내 인생도 이제 막바지에 다다른 것이 아닌가 생각되니 눈물이 하염없이 흘러 내린다. 그러면서 손자들 얼굴이 하나하나 다 떠오르며 눈물이 더 흘러내린다. 마음 약한 내가 앞으로 헤쳐 나갈 일이 걱정이다.

오후엔 기분도 전환할 겸 아내를 억지로 이끌어 옆 산으로 등산을 갔다. 너무나 힘겨워하며 천천히 올라오는 아내가 답답했지만 그냥 참고 기다려 줄 수 밖에 없었다. 매일 건강을 위해 아내를 데리고 등산을 하고 싶은데 함께 할지 의문이다.

5월3일

케네스 해긴 목사님이 쓴 '믿음이란 무엇인가'란 신앙서적을 읽었다. 이중에서 기도의 응답을 받는 비결에 대한 글을 오늘 읽었는데 번역이 정확한지 사실을 다 받아들이고 이해하기가 좀 힘들었다. 몇 번 다시 읽어보면 그 의미를 좀 더 정확하게 알 수 있을지 모르겠다. 오늘도 등산을 가서 평소보다 좀 더 많이 걸었다. 그래선지 몹시 피곤했지만 아내와 자녀들, 손자들

이름 하나 하나를 기억하며 기도했다.

7월19일

어제 밤부터 온 종일 이슬비가 내린다. 시속 100km에 달하는 폭풍이 북상한다고 하여 크게 걱정을 했는데 다행히 일본 쪽으로 빠져나가 우리나라는 피해가 없었다. 일본은 피해가 큰 것으로 뉴스에 보도되었다. 대현교회로 금요철야예배를 드리러 갈 계획을 세웠는데 너무 피곤해 집근처 교회를 찾았다. 오늘 설교와 찬양에 큰 은혜를 받고 집에 오니 밤 11시다. 명신이는 기도원에 갔다가 하루 기도한 뒤 내일 오겠다고 연락이 왔다.

9월10일

추석이 일주일 앞으로 다가왔다. 추석 가족 모임을 명신이 집에서 해야 할지 종필이 집에서 해야 할지 판단이 안 서는데 양쪽 장단점이 다 있다. 부모로서 어느 한 쪽에서 하겠다고 하면 다른 쪽이 섭섭할 수 있다. 그런데 종필이에게 서 전화가 왔다. 추석 당일 날 자신이 모든 음식 준비를 다 해가지고 내가 머무는 이곳 명신이네로 올 터이니 여기서는 가만히 계시라고 한다. 명신이가 직장을 다니고 내가 움직이지 않도록 이모저모를 배려한 것이라 고마웠다. 이 문제로 사실 몹시 걱정을 했는데 하나님께서 길을 열어 주신 것이라 믿고 감사했다.

9월23일

요즘 신앙서적을 많이 읽는다. 존 오스틴 목사가 쓴 책을 보면 마귀 사탄은 원망과 증오를 일으키는 부정적인 마음, 두려운 마음, 절망적인 마음을 가져다 준다고 한다. 이런 마음을 사람에게 심어 매사를 부정적으로 보게 하고 문제를 일으키도록 동요시킨다는 것이다. 존 오스틴 목사는 이런 마음이 들 때 예수의 이름으로 단호히 배격하고 쫓아 낼 때 평안함이 온다고 가르친다. 나도 이 방법을 사용해 보니 정말 마음이 안정이 오고 걱정 근심이 가라앉는 것을 체험할 수 있었다.

10월 13일

어제 밤에 한숨도 자지 못했다. 기침 때문이다. 냉장고에 있던 찬 음식을 그대로 많이 먹은 이유인지도 모르겠다. 난 찬 것만 들어가면 위든 어디에든 문제가 생기는 것 같다.

속도 불편한 것 같아 결국 양재동에 있는 병원에 다녀왔다. 이곳은 월드비전 구호팀에서 일하는 의사가 관련된 곳인데 명신이가 연락을 해주어서 친절한 안내를 받으며 진료를 잘 받을 수 있었다.

사람들이 세상사는 방법이 매우 다양하지만 이곳의 의사는 대학교수이며 서울의대 출신의 의사인데 돈 많이 버는 것을 포기하고 자원해 해외의 의료가 낙후된 나라를 돌면서 의료봉사를 하고 있다. 참 존경스러운 일이다.

10월 18일

시골의 기상이 엄마가 풋고추를 제법 많이 우리에게 보내 주었다. 택배로 온 것인데 옛정을 생각하며 보내온 것이라 참 고맙다. 사람은 주변이나 이웃에 어렵고 힘든, 약한 사람이 있을 때 관심을 가지고 돌보아야 한다. 그래야 그들과 끈끈한 정이 유지되며 언제 만나도 반가운 만남이 될 수 있다. 그것이 바로 하나님께서 기뻐하실 일이라 믿는다.

조카 종율이가 위 암으로 병원에 입원하고 있어 최 권사 명신이와 문병을 다녀왔다. 병실에서 나와 명신이가 하나님께 뜨겁게 부르짖었다. 하나님께서 반드시 치유해 주실 것을 믿으며 기도했다. 종율이 자신도 치유에 자신감을 갖는 것 같다. 근 일 한 번 더 가서 기도해 주어야겠다.

11월17일

저녁 2층에서 요란스럽게 천정이 쿵쿵거리며 울린다. 얼마나 큰지 쇠망치로 바닥을 내리치는 소리다. 4-5세 된 아이가 사는데 아마 장난을 치는 모양이다. 아랫집을 생각하면 부모가 말려야 하는데, 부모가 없지는 않을 텐데 화가 났지만 애써 참았다. 믿음으로 이해해야 한다고 성령께서 이끄신다.

오늘은 구역특별예배로 L권사가 설교했다. 그가 설교하면서 내 이야기를 예화로 들었다. 한 교회집사님 병원입원 중에 L권사와 내가 병원심방을 갔는데 내가 환자의 손을 잡고 얼마나 간절하게 기도하는지 그 모습을 통해 감동을 받았다고 한다. 그래서 장로는 아무나 되는 것이 아니라고 생각했다는 것이었다.

일면 부끄러우면서도 장로로서 더 열심히 직분을 감당해야겠다는 다짐이 생겨났다. 남을 위해 기도하는 것 결코 쉬운 일이 아니다. 우리는 너무나 쉽게 '기도해 주세요, 기도할께요' 하지만 그것은 온 마음이 실리는 영적인 간구이기에 많은 에너지가 소요되는 일이다.

12월9일

오후예배를 구역별로 나누어 드리는데 우리 지역은 내가 예배를 인도했다. 설교까지 맡았는데 예전과 달리 기억력이 많이 약화돼 만족스럽게 설교를 하지 못한 것 같다.

새해 첫 예배에 내가 장로를 대표해 기도를 하라고 하는데 왠지 자신이 없다. 그러나 기도로 준비해야 할 것이다.

20여 년 만에 동서가 사는 마포로 찾아가 만났다. 나보다 손위인데 그동안 동서에게 등한히 했던 일들이 마음에 걸려 찾아간 것이다. 그동안 아랫사람으로서 손위 분에게 무심했던 것을 사과하고 신중히 몸을 낮추었다. 동서도 기뻐하며 화친의 뜻을 밝혔다.

12월25일

오늘이 2007년 크리스마스 날이다. 예수님의 탄생을 기념하는 기독교의 가장 큰 절기다. 교회에서 성탄기념예배를 드리고 오후에 원로장로와 시무장로가 함께 하는 회의가 있었다. 담임목사님의 2008년 사례비 문제를 논의하기 위해 모였는데 의견만 분분하다가 결론을 못 내리고 폐회했다. 모두 자기생각만 옳다고 여기고 양보를 하지 않으려고 하니 결론이 나지 않는다. 장로라고 다 성숙된 신앙인이 아님을 새삼 확인하게 된다.

2008년

2월11일

새벽예배에 참석했는데 날씨가 추워서일까 예배를 인도하는 전도사와 나와 단 둘 뿐이다. 전도사의 설교 중에 방언이야기가 나왔다. 크리스천은 방언을 받아야 한다면서 여러 가지 받는 방법을 설명한다.

신기한 것은 어제 밤 집에서 기도하며 나도 하나님께 방언을 받고 싶다고 기도했었다는 사실이다. 하나님께서 나를 사랑하신다면 그 증표로 방언을 받고 싶다고 했는데 오늘 아침 그 증표로 전도사님을 통해서 응답해 주신 것이라 믿는다.

나를 둘러싸는 우울감과 초조감이 사라지도록 한 낮에 기도했다. 그랬더니 평안이 임하며 안정이 되었다. 그토록 성령의 은혜를 받고 감사와 기쁨이 넘치다가도 갑자기 사탄의 공격을 받으면 어지없이 무너져 내리는게 인간인가 보다. 그 공격을 물리치려면 늘 기도와 말씀으로 무장돼 있어야 한다. 성령으로 충만해 있어야 할 것이다.

2월18일

참 세월은 잘도 간다. 옛사람들이 세월은 유수와 같다고 했다. 흘러가는 강물처럼 빠르게 지나간다는 의미인데 나는 세월은 화살과 같다는 말이 더 어울린다고 생각한다. 화살처럼 더 빨리 달아나 버린다고 여겨지기 때문이다.

되짚어 보니 고향 이천을 떠나 온지 37년이 되었다. 그런데 시간이 흐를수록 나의 옛 고향이 그립다. 아버님과 선조들이 땅을 일구며 살아온 그곳이 자꾸 생각난다. 그 이유는 고향을 떠나 온 이후 지금까지 무엇 하나 잘 풀려 성공한 일이 없다고 느끼기 때문이다.

이 모든 것이 나의 죄과로 인한 보응이 아닌지 하나님께 묻고 싶다. 그러니 심령이 곤고하고 피곤하다. 성경을 통해 믿음을 되새기고 기도와 간구로 승리해야 할 것이다.

3월 2일

교회에서 설교를 했는데 생각보다 말씀을 잘 전한 것 같다. 대부분의 성도들이 은혜를 받았다면서 좋아하는 모습이다. 설교의 반응은 설교하면서도 느낄 수 있다. 딴 짓 하는 성도가 많으면 그만큼 내 설교가 전달이 안되고 있다는 증거이고 무슨 메시지를 주시나 눈을 초롱초롱 뜨고 집중하면 성공한 설교이다.

최근 설교하며 기억력 감퇴로 설교가 종종 끊기곤 했는데 오늘은 그런 일이 없었다. 성령께서 함께 해 주신 것을 믿고 감사드린다.

L권사 내외가 다녀갔다. 쌈밥을 대접해 드렸는데 참 맛있게 드시니 나도 감사하고 기쁘다. 명신이가 6일간의 에티오피아 출장을 마치고 내일 귀국한다. 무사하기를 기도드린다.

3월 7일

낙성대 역 근처에 있는 필터도매상에서 물건을 구입하기 위해 전철을 탔다. '더 내려 놓음'이란 신앙칼럼 집을 보며 오고 갔는데 너무나 은혜롭게 읽으며 가다보니 자칫 내릴 곳을 지나칠 뻔 했다. 그 내용이 내가 느끼고 생각했던 내용이 많아 더 감동과 은혜가 컸다.

이천 내 고향 큰골에 있던 그 많던 땅, 이제는 모두 남의 땅이 되어 버렸고 난 빈털터리가 되었으니 그곳에 갈 일도, 갈 이유도 사라져 버렸다. 이것이 하나님이 내게 허락한 징계일 수도 있고 신앙생활을 바르게 인도하기 위한 하나님의 섭리일 수도 있다. 이제 그 뜻을 깨달아 남은 삶을 주님이 기뻐하시는 삶을 살도록 더 기도하고 노력해야 할 것이다.

3월 11일

노인들을 초대해 점심을 대접한다는 초대장을 받고 음식점에 가 보았다. 노인 20여명이 모여 있다. 생각보다 많지 않았다. 그런데 점심 먹기 전에 광고를 하는데 장례를 책임져 주는 상조회원으로 가입하라는 것과 상품을 사라는 광고였다. 이럴 줄 알았으면 안 오는 것인데 중간에 나가기도 뭐해 앉아 있었지만 판매자들이 영 의심스럽고 믿음이 안 간다. 점심 한 끼 얻어 먹고 귀가했지만 영 마음이 찜찜하다.

4월 19일

미국의 조엘 오스틴 목사가 쓴 '잘되는 나'를 읽기 시작하면서 영적 파장이 느껴졌다. 말씀 속에 더 깊이 들어가야 한다는 다짐을 했다.

동생인 봉재 큰 아들이 오늘 이천에서 결혼식을 올렸는데 최 권사만 보내고 나는 가지 않았다. 주일예배가 더 중요하기에 가지 않은 것이다.

신앙적인 문제로 중요한 결혼식에 못가면 나도 미안하고 친척들은 욕하겠지만 이제 나는 옛사람이 아니다. 다시 태어난 새 사람이다. 하나님 제일주의로 남은 인생을 살아야 한다.

5월 3일

신앙인이 되고 보니 과거를 되짚으면 회개할 것이 참으로 많다. 그것을 기억하면 가슴이 찢어지는 회개가 나의 온 마음을 휘저어 놓는다. 그러나 과거는 이제 주님의 보혈로 죄 사함을 입었고 나의 자아는 새로 태어나 이제 미래만 보며 달려야 한다.

몸에 좋고 약이 된다는 이유로 한 잔씩만 마시던 술도 아니라는 생각에 하나님 앞에 전혀 안마시겠다고 약속을 했는데 기름진 음식을 대하면 가끔씩 유혹이 생긴다. 정말 막아내기 힘든데 이것은 내 힘으로가 아닌 주님이 주시는 힘, 성령으로만 가능하다. 주님. 이길 힘을 주시옵소서.

7월 30일

온종일 손자들 학비 때문에 고민을 했다. 사실 고민한다고 해결되지 않기에 필요 없는 고민이다. 내일 염려는 내일 할 것이요 한 날의 괴로움은 그날에 족하다고 하셨다.

이 말씀을 굳게 믿고 따라가야 할 것이다. 나를 자꾸 걱정케 하고 힘들게 하는 것은 사탄의 계략임을 기억하고 바르게 분별해야 할 것이다.

저녁에는 명신이와 성경에 대해 대화를 많이 나누었다. 서로에게 유익이 되는 것 같아 너무나 좋았다. 낮에 혼자 조용히 있으며 기도할 때 하나님이 나와 함께 하신다는 느낌이 온다. 마음이 가볍고 기쁘다.

8월 15일

새벽예배 참석이 얼마나 힘이 드는지 천신만고 끝에 간신히 참석할 수 있었다. 말씀은 좋은데 발음이 잘 들리지 않는다. 내 청력도 많이 손상되어 더 그럴 것이다. 요즘은 새벽예배 드리면서 눈물이 자주 난다. 성령의 은혜일 것이다.

큰빛교회 여름성경학교 하는데 나누어 먹으라고 수박 아주 큰 것으로 2통을 사가지고 갔다. 원로 목사님을 만나 여러 가지 신앙이야기를 하며 좋은 교제의 시간을 가졌다.

10월24일

오랜 기간 고민하고 괴로워하던 마포 동서에게 갚아야 할 돈을 오늘에야 가서 갚아드릴 수 있어 가슴이 시원하다. 30여 년 전의 일이지만 마음의 빚이 사라졌다.

어제는 원로장로들이 시무장로들의 배려로 강화도에 가서 온천욕과 점심을 대접받았다. 복잡한 집 사정 때문에 늘 정신적으로 힘들고 몸도 찌뿌둥했는데 하나님의 은혜로 잠시나마 피로를 푸는 시간을 가져 감사했다.

11월25일

어제 사위 이승태 장로 편에 필리핀서 공부하고 있는 영수 성수 예랑 현정 수진 모두에게 격려편지와 돈 3만원씩을 봉투에 넣어 보냈다. 너무나 작은 액수지만 나는 아이들을 위해서 최선을 다하는 마음이다. 그리고 돈보다 더 귀한 기도로 아이들의 장래를 위해 열심히 기도하고 있다.

내년이면 내 나이가 78세가 된다. 건강에 더 신경을 쓰고 주님과 가까워지는 기도와 말씀읽기 시간을 더 늘여야 하겠다.

2009년

1월3일

아침에 잠에서 깨어나자마자 내 생각을 사로잡아 마음을 아프게 하는 것이 종익 종필의 어려운 사정과 형편이다. 부모로서 더 능력이 되어 도움을 줄 수 있으면 얼마나 좋을까.

점점 상념에 사로잡혀 있다가 이용규 선교사가 쓴 '더 내려놓음'을 읽으면서 마음의 안정을 찾으려 노력한다. 데살로니가 전서 5장 16–18절 말씀 '항상 기뻐하라 쉬지 말고 기도하라 범사에 감사하라'는 말씀을 외우며 마음을 달랜다.

2009년 새해 들어 첫 예배를 드렸다. 정말 신실한 마음으로 우리 가정을 위해 하나님의 뜻을 바르게 알아 지키는 해가 되길 간구했다. 올해는 매사에 주님을 앞세우고 기도하며 승리하는 해가 되길 염원한다.

노력한다고 모든 것이 내 뜻대로 되지 않는다. 하나님의 은혜로 값없이 구원의 은총을 받은 우리는 그 은혜를 한시도 잊어서는 안 될 것이다.

3월11일

한동안 정신을 잃고 온 집안을 헤집어 놓으며 물건을 찾기 시작했다. 1시간이 넘게 뒤진 끝에야 물건을 찾았다. 이 책에는 우리 온 가족현황이 기록되어 있어 매우 중요한 자료다. 돈만 귀한 것이 아니다. 이것은 그 무엇과도 바꿀 수 없이 소중하다.

명신이가 아프리카 출장을 마치고 새벽에 도착했다. 아무리 젊지만 과로에 시달리면 건강에 적신호가 오게 되어 있는데 하나님의 돌보심이 있길 기도한다. 주님 명신이의 건강을 지켜주시고 도와주시 옵소서.

3월21일

여의도로 이주해 와서 이제 어느 정도 적응이 되었다. 오늘은 아내와 여의도 공원을 산책했다. 평지고 긴 거리가 아니라고 여겼는데 한 바퀴 도니 온 몸에 땀이 흥건하다. 공원의 조경과 관리가 잘 되어 상쾌한 기분으로

운동을 할 수 있다. 공원 만들기에 많은 예산이 투입되었으리라고 여겨진다. 앞으로 자주 산책도 나오고 인접한 여의도순복음교회에서 예배도 드려야 하겠다.

오늘 미국에서 열리고 있는 국제야구대회에서 한국이 최강국인 베네수엘라에 8:2로 승리하여 4강에 합류함으로 결승전에 오르게 되었다. 한국 야구 역사상 처음 있는 일이라고 한다. 전 국민이 하나가 되어 응원하고 있다.

4월10일

부활주일 감사헌금을 장로들 중에 내가 제일 작게 낸 것을 알게 되었다. 내 기억으로 그동안 헌금을 내면서 가장 작게 낸 것은 이번이 처음인 것 같다. 일면 부끄럽다는 생각이 들긴 했지만 내 형편에서 최선을 다한 것이기에 당당하다. 헌금의 액수 보다 우리의 중심이 어디에 있는지 하나님은 보실 것이다.

6월2일

오늘 오후 국회의사당 위치를 확인하러 갔다가 돌아오는 길에 길을 잃고 말았다. 여의도공원 일대를 계속 헤매다가 날이 어두워져 버렸다. 다행이 길 가에서 아주머니 한 분을 만나 길을 물으니 여기서는 목적지까지 걷기가 힘드니 버스를 타라며 1000원을 준다.

나도 돈을 가지고 나오지 않아 미안하지만 이 돈을 받아 버스를 타고 어디서 내려야 하나 두리번거리다가 MBC 앞에서 바로 내렸다. 무사히 집에까지 온 것이 참으로 다행이고 하나님이 인도해 주셨다. 이름은 모르지만 그 아주머니에게 감사드린다.

6월7일

어제 전철 안에서 아내와 언성을 높이며 다투었다. 생각하면 할수록 내가 잘못했다. 성경적으로 보나 인격적으로 보나 내가 부족했음을 인정하고 회개했다. 전적으로 나의 과실임을 인정하면 앞으로 약이 될 것이다.

저녁에 고향을 떠나 온지 수 십 년이 되었지만 이 나이에 아무 것도 없는 빈털터리가 된 것이 이토록 고통스러운 것인지 정말 몰랐다. 괴로워도 정말 괴롭다. 죽음이 죄가 아니라면 그 길을 택하고 싶다.

7월27일

이천 큰 골의 땅을 생각하면 자다가도 벌떡 일어날 정도로 가슴이 아프다. 조상과 부모님한테 물려받은 논과 밭 모두 4만여 평이 온 데 간데없으니 허전하기 이를 데 없다. 신앙으로 이 허전함을 막아내야 하는데 정신적으로 너무 힘들다. 나는 너무나 과거를 떨쳐내지 못하는 조바심이 있다.

하나님이 힘주시지 아니하면 살 길이 없을 것 같다. 내가 할 수 있는 것은 기도밖에 없다. 하나님께서도 내가 기도로 어려움을 이겨내고 승리하길 바라실 것이다.

9월15일

아이들의 성화로 아내와 필리핀에 와 있다. 둘 다 늘 아프니까 공기 좋고 편한 자연에서 치료도 받고 잘 쉬다 오라는 배려나 사실 마음은 늘 한국에 가 있어 편하지 않다.

필리핀은 거의 매일 소낙비가 내리다가 순식간에 그치곤 한다. 내리는 것을 보면 장마가 질 듯 무섭지만 개이면 금방 햇볕이 내리 쬔다.

조지 밀러가 저술한 '기도가 전부 응답된 사람'을 읽으면서 많은 은혜를 받았다. 책을 읽으면 은혜를 받는데 금방 잊는 것이 단점이다. 그래도 읽고 또 읽어야 한다.

9월 29일

사위 이승태 장로가 아내 종선과 필리핀에서 수해가 가장 심하게 나서 고통 받고 있다는 지역에 가서 봉사를 하고 돌아왔다. 그곳의 비참한 상황과 형편을 이야기 하는데 안타깝고 불쌍하기가 그지없다. 큰 강 둑이 무너져 내려 수많은 인명피해와 함께 주택과 논밭이 침수되었다고 한다.

하나님은 왜 이렇게 가난한 이들에게 또 고통을 안겨주시는 것일까. 하루빨리 복구가 되고 피해를 입은 주민들도 회복되길 기도한다.

12월 7일

마포보건소에 가서 2000원을 주고 이발을 했다. 기독교인들이 대부분 봉사하기 때문에 모두 친절하고 정성을 다해 깎아 주어 마음에 든다. 만족스럽다. 이렇게 기독교인들은 이웃에게 봉사하고 나눔을 실천하기에 사회에 빛이 되고 전도가 이루어지는 계기를 만든다.

어제 밤은 가정예배를 드리고 나서였는지 현재까지 몸과 마음이 가볍다. 분명히 마귀 사탄은 우리의 가정과 개인을 유혹하고 파괴하려고 한다. 예수이름으로 승리하고 하나님께 영광을 올리자.

2010년

1월31일

다른 교회에서 이적해 온 J장로와 많은 대화를 나누었다. 교회가 좋아 장로직분을 그대로 유지하면서 신앙생활을 하길 원하는데 L장로가 극구 반대를 하니 참으로 민망하고 난처한 일이 아닐 수 없다. 기도해서 하나님 의 지혜를 구해야 할 것 같다. 한 생명이 천하보다 귀하다는데 나의 생각과 주장이 과연 하나님 뜻에 합당한 것인지 늘 찾고 구해야 한다.

오늘은 아내 최 권사가 명신이와 삼성의료원에 진료 차 다녀왔다. 3주전 에 예약한 것이 오늘에야 간 것인데 딸의 정성이 대단하다. 몇 주 전부터 가정예배를 드리고 있는데 나의 영이 무거운 짐을 벗고 가벼워진 것을 느 낀다.

2월16일

상계동에 사시는 숙모님을 찾아뵈었다. 여러 해 만에 뵈었는데 별로 달 라지시지 않았다. 91세시라는데 아직 정정하시다. 옛 인자하신 모습이 그 대로인데 사람은 나이가 들어도 성품은 그대로 유지가 되고 그 성품이 얼 굴(인상)을 만드는 것 같다.

숙모님을 뵙고 오는 길에 세브란스병원에 입원 중인 황 집사를 병문안 했다. 목에 호수 관을 삽입해 음식을 흘려보내고 있는데 이렇게 오랜 기간 고통 받고 있는 것은 과연 하나님의 뜻이 어디에 있는지 궁금하다. 나의 방 문을 황 집사는 그렇게 좋아할 수가 없다. 아마 사람이 많이 그리웠을 것 이다. 간호하는 부인 유권사의 얼굴이 많이 상해 있어 마음이 아팠다.

3월16일

환자 심방할 곳이 몇 군데 있는데 시작이 어렵다. 내 육신이 피곤하니까 움직이는 것이 큰 부담이 된다. 선뜻 나서는 용기가 생기지 않는다. 새벽기도회만 해도 마음은 참석하고 싶은데 뜻대로 되지 않는다. 성령께서는 나를 도우시고 일으키시는데 내가 이것을 잘 따르질 못한다. 사도바울을 기억하면서 성령의 인도하는 대로 열심히 따라가야 할 것이다.

오늘 새벽에 꿈을 꾸었는데 내가 생전 처음 아름다운 집을 지었다. 늘 어수선한 꿈만 꾸다가 그 멋진 집을 기억하니 마음도 상쾌해진다. 오늘 힘들게 참석한 수요예배에서 큰 은혜와 함께 희락과 기쁨이 넘쳤다. 하나님이 부어주시는 놀라운 은혜에 감사드린다.

4월13일

어제까지 기온이 포근하더니 갑자기 강풍이 불면서 기온이 급강하한다. 예삐를 데리고 한강공원에 나갔다가 차가운 바람과 추위에 산책을 중단했다. 오후에는 전철을 타고 교회를 가다가 한 노인이 내 옆에 앉기에 말을 걸며 전도를 했다. 무슨 종교를 가지고 있느냐고 했더니 기독교라고 하는데 신앙적인 지식은 없는 것 같아 몇 가지 신앙에 대한 대화를 했다. 앞으로 만나는 사람들을 다 전도대상으로 삼아 복음을 전해야겠다고 다짐한다.

4월17일

한강공원의 벚꽃이 만개했다. 언론에서는 내일이 최고 절정이라고 하는데 막상 나가보니 2–3일 더 있어야 활짝 필 것 같았다. 그런데도 여의도 벚꽃을 보러온 인파가 얼마나 많은지 걷기가 힘들 정도다. 사람에 밀려다닌

다는 표현이 맞을 것 같다. 나이든 노부부나 단체로 노인정에서 온 팀들이 보이고 젊은 커플들이 주로 많다. 데이트겸 온 것이리라.

모두들 꽃을 보며 즐겁고 행복한 표정인데 나는 전혀 그렇지 않다. 가산을 다 잃은 것이 너무나 참담하며 이런 불편한 심기가 나를 수시로 괴롭히고 있기 때문이다. 기도만이 사는 길이다. 기도하자. 또 기도하자.

7월13일

만 4일째 난(蘭)에 손을 대고 있다. 신림동에서 여의도로 이주해 올 때 경험했지만 떠날 때는 모두 버리고 가야 되는 무가치한 것들이 참 많다. 그럼에도 난에 목을 매어 시간을 허비하고 돈을 투자하는 것은 이것이 주는 만족감과 기쁨 때문일 것이다. 그러나 사실 이것도 생각하기 나름이다. 이제 이런 것 보다 좀 더 실속 있고 신앙생활에 도움이 되는 것을 찾아야 할 것이다. 언제까지 취미생활에 빠져 지낼 것인가.

7월26일

안과를 다녀오는데 병원을 찾느라 애를 먹었다. 한번 왔던 곳인데 기억력이 점점 쇠퇴해지는 것을 몸으로 느끼게 된다. 오후에 마포 노인복지관에서 이발을 했다. 사실 이발 솜씨나 서비스는 전혀 마음에 들지 않는다. 그러나 이발요금이 2000원이라 매우 저렴해 나같이 가난한 사람은 이용하기가 좋다. 내일 모래 수요예배에 최 권사가 대표기도인데 내가 기도문 작성을 해주어야 하는데 이 준비도 힘들게 느껴진다. 하나님께 도움을 구하고 기도해야 하겠다.

8월31일

하나님께서 그 때 그 때 꼭 필요한 신앙서적을 보내주시어 메마른 내 마음을 생명수로 촉촉이 적셔 주신다. 다 읽을 만하면 또 다른 신앙서적이 명신이나 다른 사람을 통해 내게 전달되는 것이다.

그 어떤 노인 보다 내가 책을 많이 읽는다고 자부하지만 나도 예전 같지가 않다. 나이가 80이니 책 읽은 내용을 자주 잊어버린다. 하나님께서 나의 선명했던 기억력을 되돌려 주십사고 기도하곤 한다. 지나온 시간들을 생각하면 너무나 많은 무의미한 시간을 많이 보낸 것 같아 후회된다. 더 많은 책을 읽었으면 좋았을 것이다.

9월10일

온종일 비가 내린다. 우중에도 금요예배를 드리러 갔다. 그런데 평소보다 많은 성도들이 참석해 있고 은혜롭게 예배를 드렸다. 목사님이 마태복음 8장1~5절 말씀을 바탕으로 구원의 복음을 설교하셨는데 나는 큰 은혜를 받고 나의 부족함을 회개했다. 요즘 정신적으로 많이 힘들었는데 소망을 얻고 위로를 받는 시간이 되었다.

10월22일

2000년대 들어와서 교회의 재건축 문제가 논의되기 시작했었다. 금호동 지역재개발과 맞물려 교회건축의 필요성이 활발해지기 시작한 것이다. 그러나 교회가 축적해 놓은 건축헌금이 빈약하다 보니 회의 때마다 장로들의 의견이 분분했다. 교회건축은 한 마음으로 단결해도 쉽지 않은 큰 하나님의 일인데 마음이 합해지지 않으니 옆에서 보면서도 늘 막막한 심정이었다.

그래도 이 교회건축 문제에 꼼꼼한 이무정 장로가 할 수 있다고 긍정적으로 나오니 마음을 모으고 협조해서 앞으로 나가야 한다. 그러기 위해서는 장로들이 앞장서서 모범을 보여야 교인들이 따라오게 된다. 나 역시 장로된 입장에서 자발적으로 건축헌금을 드리고 싶은데 경제활동을 못하고 있으니 능력이 부쳐 너무나 안터깝다.

이 마음을 아는지 딸 아이가 어제 '아버지 건축헌금 드리세요.'하며 100만원을 선뜻 내게 내어 놓는다. 이럴 때마다 늘 미안하고 고맙다. 교회에서는 큰 돈이 아닐지라도 내겐 너무나 소중하고 큰 돈이다. 이 헌금이 불쏘시개가 되어 교인들이 교회건축에 관심을 갖게 되길 기도한다.

11월29일

최 권사가 방배동병원에 치료차 다녀왔다. 우리 둘 모두 나이가 깊어 모든 부분에 자주 이견이 생겨 다투게 된다. 생활이 넉넉지 못한 것도 큰 이유가 될 것이다. 나는 특히 염려되는 부분이 뇌신경 부분이다. 청년시절부터 뇌신경 부분이 쇠약했었는데 하나님의 도우심으로 현재까지 생명을 유지하고 신앙생활 잘 할 수 있음에 감사드린다.

아프리카 출장 간 명신이에게서 안부전화가 왔다. 그렇지 않아도 잘 지내는지 마음이 뒤숭숭하던 터라 안심이 되었다. 김우현 집사가 쓴 신앙서적 '하나님의 이끄심'을 읽으면서 나의 나태한 신앙에 부끄러움을 느꼈다.

12월23일

12월이 시작된 지 바로 어제인 것 같은데 벌써 후반에 접어들었다. 일기장의 빈칸이 몇 장 남지 않고 새로운 2011년이 눈을 크게 뜨고 나를 기다리고 있다. 1년이 너무 빠르게 속절없이 지나간다. 세월도 인생도 모두 다 그런 거라고 자위하지만 헛헛한 마음은 지울 수 없다.

온 가족이 신앙으로 하나가 되어야 하는데 그렇지 못한 것 같아 안타깝다. 온 가족이 모여 힘차게 찬송 부르고 예배드릴 수 있길 간절히 소망한다. 자녀들에게 부모로써 재산은 물려 줄 수 없지만 신앙의 유산은 꼭 물려주고 싶다. 두 아들과 두 딸, 그리고 손자 손녀들이 주 안에서 늘 건강하고 주님의 자녀로 부족함 없이 이 세상에서 주님을 의지하며 잘 살아갈 수 있기를 항상 기도하고 있다.

3부

이명재 장로님!
당신을 추모합니다

잊혀지지 않는 사람! 이명재 장로

송경재 | 대현감리교회 담임목사

이 세상에는 꽃송이 같은 만남이 있다. 처음에는 향기롭고 아름답지만 얼마 못 가 시들고 마는 만남이다. 그런데 손수건 같은 만남도 있다. 상대가 슬플 때 눈물을 닦아주고, 힘들 때 땀을 닦아주는 만남이다.

이제는 나도 목회를 시작한 지 30여년이 지났다.

그러다 보니 수많은 사람을 만났다. 목회라는 것이 인간관계 속에서 이루어지는 파노라마와도 같은 것이라 할 수도 있다. 어떤 사람은 목사 속 썩이려고 태어난 사람과 같이 엄청 속을 썩여 잊혀 지지 않는 사람이 있다.

그러나 반면에 너무 감동적이고 고맙고 사랑스러워서 잊혀 지지 않는 사람이 있다. 때로는 부족한데도 채워주고, 베푼 것도 없는데 사랑을 베푸는 좋은 친구와 같다고 할까 동역자와 같다고 할까 감동이 되어 잊혀 지지 않는 사람이 있다.

그래서 사도바울도 목회의 여정 속에 만났던 수많은 사람들 가운데 잊혀 지지 않는 사람들을 로마서 마지막 장에 기록해 놓았나 보다.

이명재 장로와의 만남은 내가 대현교회에 부임하면서 이다. 그러다보니 20년 가까이 장로님과 함께 지냈다. 내 목회사역 중에 잊을 수 없는 사람을 꼽으라면 단연 이명재 장로이다.

이명재 장로님은 하나님 없이는 살 수 없는 분이셨다.

"오직 예수"가 그의 인생과 신앙관의 전부였다. 예수를 빼놓고는 아무것도 생각할 수도 없고, 할 수도 없었던 장로님이셨다.

그의 최고의 가치, 최고의 사랑, 최고의 의미는 역시 예수였다.

마치 어린아이와 같이 꾸밈과 가식이 없이 하나님을 진실로 사랑하신 분이다.

"하나님을 너무 사랑하셨기에 사랑하는 분이 계신 곳으로 가셨다."라고 나는 장례예배 때 설교를 했다. 지금은 사랑하는 그 분과 함께 안식을 누리고 계신다.

그리고 대현교회 없이는 살 수 없는 분이셨다. 대현교회가 장로님의 삶의 전부였다. 어떤 면에서는 내 집보다 더 교회를 생각하고 사랑하고 아끼셨던 장로님이시다.

어느 해 겨울이었다.

그날따라 왜 이리 춥고 눈이 많이 내리는지 사람들이 다니지 못할 정도로 길이 미끄러웠다.

수요저녁예배를 준비하고 있는데 장로님이 오셨다.

"늦으면 못 갈 것 같아 점심 무렵부터 출발해서 오셨다"고 한다. 경기도 마석에서부터 서울 금호동까지 예배를 드리러 오신 것이다. 교회 가까이 사는 분들도 못 오셨는데…. 그날 저녁은 장로님과 함께 예배를 드렸다. 장로님은 먼 길을 마다하지 않고 늘 그렇게 하셨다.

작은 예를 들었지만 교회 없이는, 예배 없이는 살 수 없는 장로님이셨다. 주일날 어떤 때는 내가 생각해도 설교 죽을 쑤었는데 장로님은 내 손을 잡으면서 "목사님 은혜 많이 받았어요, 오늘 설교 참 좋았어요."하신다. 부족한 목사를 너무 사랑하고 아끼신 장로님이시다.

그 당시만 해도 구 성전이었기에 교회 방송시설이 별로 좋지 않았다.

그런데 장로님은 무슨 일로 다른 교회에 다녀오셔서 하는 말이 "무슨 소리인지 잘 안 들리더라."고 하면서 "제 설교가 가장 잘 들린다."고 하신다. 그만큼 사랑하는 자의 목소리였기에 잘 들리셨나보다.

지금은 새 성전이 훌륭하게 지어져 있다. 한 가지 아쉬운 것이 있다면 장로님의 전부였던 대현교회 새 성전을 보지 못하신 것이다. 아마도 춤을 추셨을 텐데 말이다. 그러나 저 천국에서 보시며 기뻐하실 것이다.

새 성전에는 장로님의 기도와 사랑, 수고와 헌신, 땀과 눈물의 벽돌들이 곳곳에 어우러져 있다. 앞으로 좋은 열매들로 맺혀지리라 생각한다.

사람이 지나간 자리에는 흔적이 남기 마련이다. 장로님은 예수의 흔적을 남기셨다. 대현교회에 본이 되는 흔적을 남기셨다. 그리고 내 마음에도 지우려야 지워지지 않는 사랑의 흔적이 남아있다.

잊혀 지지 않는 사람아! 주님 안에서 안식을 누리시라. 오늘도 사랑하는 분과 함께 계신 장로님의 이름을 부르며 추모해 본다.

고개 숙인 소나무 같았던 존경스런 장로님

이무정 | 기독교감리회 원로장로전국연합회 회계

저는 이명재 장로님과 1970년 대 부터 성동지방 대현교회에서 신앙생활을 함께 하였습니다. 교회를 섬기며 교우들과의 교제 중 에 특별히 사랑이 많으셨습니다. 정겹고 다정하신 성품과 자애로움에 매료되어 특별히 제가 가까이 하고 친하게 지내게 되었습니다.

보통 자기한테 잘하면 친하게 되는 것이 인지상정이니까요. 늘 말씀에 의지하여 기도와 사랑으로 교회 안에서나 가정에서나 사회나 직장에서 절제된 삶으로 본이 되는 삶을 사신 분이셨습니다.

항상 겸손하시고 낮은 자세로 섬김과 배려와 양보로 자신의 아픔을 드러내지 않으셨습니다. 또 인내하면서 자신에게 상처를 주고 손해를 끼친 상대측을 배려하고 관용으로 극복하시는 모습이 참 그리스인의 표상이라고 믿게 하시는 분이 바로 이명재 장로님이셨습니다.

장로님은 어느 교인에게 보증을 서게 되어 큰 손실을 입으신 일도 있어 생활에 큰 타격을 입으셨지만 묵묵히 교회 내에서 아무도 모르게 그 과정을 넘기시는 것을 보았습니다. 참으로 어이없는 굴곡의 단계를 저렇게 감당하시는구나 그 때 어렴풋이 알게 되었습니다.

여의도 국회의사당 조찬기도회에 동석하고 산책하며 신앙교제를 했던 일, 철원 대한수도원에서 나와 단둘이 기도하며 나에게 있는 세속의 습관을 교정하시고자 수련 과정을 갖도록 계획하고 실행하신 일(나의 신앙초기에 절제 단계를 연단시키려고)은 저에게 평생의 삶의 질과 신앙진로를 바르게 가

173

도록 인도하신 성과를 남기시었습니다.

교리를 설교하시다가 우리가 이해를 못하는 듯 하니 어릴 때 서당에서 훈장님에게 들은 명언의 말씀을 이용하여 '順天者(순천자)는 興(흥)하고 逆天者(역천자)는 衰(쇠)한다(망한다)'를 예로 들어 말씀에 순종하자고 하셨습니다.

누구든지 약한 처지에 있는 자를 위하여 위로의 기도를 아끼지 않으셨습니다. 오랜 시간 질병으로 고생하던 황재만 권사에게 매 주일 소망과 회복의 간구 기도를 늘 해주시던 모습, 그리고 교회 구성원들 특히 장로와 목회자와의 사이에 이견이 있을 때는 동역의 진정성을 강조하고 행함으로 본이 되어 선두에 서신 모습 등 진실하신 장로의 태도를 보여주셨습니다.

기획위원회 회의 등 공식모임에서는 늘 중용을 택하여 찬반의 의사도 상대방 입장을 이해하고 배려하여 절충안을 내시는 중도의 화합형이고 하나님이 기뻐하실 방향을 추구하셨습니다.

가족 사랑이 지극하시고 특히 따님 명신 여식에 대한 애정과 기대는 지극하셨습니다. '주관이 뚜렷하고 진취적이고 신앙의 깊이가 대견하다'고 하시면서 주관이 뚜렷하고 흔들림 없음을 강조하시는 표현으로 고집이 세고 남의 말은 절대 안 듣는다고 하면서 '하나님이나 이길까 누가 이겨낼지' 하시면서 은근히 딸 자랑을 하셨습니다.

타인의 일을 늘 긍정적으로 바라보고 작은 일에도 칭찬을 아끼지 아니하고 천진하리만큼 자신의 일처럼 좋아하셨습니다. 바로 위 선배 장로인 박순천 장로님은 농담반 진담반으로 '이명재 장로님은 참 감탄사가 많으신 장로님'이라고 평하시던 모습이 지금도 선하고 그립습니다. '참 잘되었다, 참 좋다, 정말 반갑다' 등 늘 감탄사를 연발하신 장로님이셨습니다.

1997년 크리스마스를 앞두고 대현교회 당회보고

작은 딸 명신이 월드비전 동해복지관장으로 발령받아 어머니 최순배 권사와 함께 모시고 동해로 이사하였을 때 저희가 심방을 갔는데 장로님 말씀이 '나는 교회가 있는 서울을 향해서 기도하고 대현교회를 동경하고 있다'고 하실 때의 모습은 교회 멀리 있음이 주님의 품에서 멀어져 있는 양 허전해 하시는 모습을 읽을 수 있었습니다.

'정말로 대현교회 사랑이, 교회 가고 싶어 하는 마음이 저리도 지극하시는 구나'하는 생각에 가슴이 뭉클하였습니다. 서울로 돌아올 때 영월 청령포에 들렀는데 그곳에 있는 서울로 향하고 있는 고개 숙인 소나무가 장로님 모습 같다고 생각했습니다.

늘 말씀에 의지하시고 자신보다 남을 높이시고 어려운 처지에 있든지, 고통 중에 있든지, 낙심자를 발견하면 기도해 주시고 격려해 주시던 그 행함의 장로님은 신앙의 본으로 사신 상급으로 이명재 장로님이 제일 좋아하시는 주님과 함께 영생복락을 누리고 계실 줄 믿습니다.

교회를 잘 부탁한다고 유언하신 장로님

이영환 | 대현교회 원로장로

먼저 천국에 계신 고 이명재 장로님을 추모하며 영전에 삼가 이 글을 드립니다.

이명재 장로님께서 소천하신지 벌써 여러 해가 지났습니다.

2021년 4월 부활절에 저의 장로은퇴식을 맞이하여 장로은퇴 찬하예배를 드리며 순서에 따라 교인들 앞에서 제가 답사를 하게 되었습니다. 이 때 저는 답사를 하면서 이명재 장로님의 유언 내용을 밝히며 인사를 하지 않을 수 없었습니다.

저의 신앙 멘토이신 이명재 장로님께서 '내가 만약 먼저 떠나도 교회를 잘 부탁한다'라고 여러번 간곡한 말씀이 계셨고 그 약속을 지키려고 노력한 끝에 이렇게 무사히 은퇴하는 자리에 설 수 있었다고 고백을 했던 것입니다.

이명재 장로님을 바나바와 같으신 장로님이라 부르고 싶은 것은 오로지 하나님의 영광만을 추구하는 그분의 신앙 때문입니다. 주의 복음전도를 위하여 이름도 없이 빛도 없이 감사하며 주님를 섬기며 사셨습니다.

장로님은 자기 위신이나 체면이 세워지는 것은 관심이 없었습니다. 이명재 장로님은 언제나 다른 장로님들 보다 앞서길 좋아하지 않으셨습니다.

오로지 손 때 묻어 낡아진 성경 속 말씀만이 중요했습니다. 이해되지 않는 말씀이 있으면 시도 때도 없이 목사님을 찾아가 질문하고 도움을 청했고, 어려운 질문으로 가끔 목사님을 난처하게도 만들었습니다.

일찍 은퇴를 하셨기에 물질이 넉넉지 않은 가운데서도 교회의 대소사는 빠짐없이 인사를 다니셨습니다. 뿐만 아니라 교회 행사에도 그냥 지나치는 일이 없었는데 어느 해 교회학교 여름수련회였습니다.

장로님은 '더욱 많이 못해 미안하다'고 하시며, 교육부장이던 나에게 흰 봉투 3장을 주셨는데 이는 유초등부, 중고등부, 청년부 수련회를 위한 각각의 찬조헌금으로 매사에 이렇게 꼼꼼하게 챙기셨습니다.

저는 그때 초년 장로였지만 장로님을 통해 교회학교의 부흥을 간절히 원하시는 눈빛을 보았습니다.

지금은 교통편이 좋아졌지만, 장로님이 사시던 남양주 마석과 교회와의 거리가 엄청나게 멀었습니다. 제가 우연히 마석으로 이사를 하면서 장로님을 모시고 같이 교회를 다니게 되었습니다.

개인사정으로 교회를 못갈 사정이 생겨서도, 게으름을 피우지 못했던 것은 장로님께서는 예배를 생명같이 여기시는 줄 알기에 제가 꼭 교회를 수

대현교회 중고등부 여름수련회. 왼쪽이 이명재 장로

요일, 금요일 예배를 놓칠 수 없었습니다.

그 후에는 따님 되는 이명신 권사가 여의도아파트에서 장로님 내외를 모시고 살게 되었습니다. 그 때는 이미 연세도 있으시고 노쇠하셨고, 병색이 완연했습니다. 그런데 하루는 신금호역에서 우연히 만나 뵈었습니다. 지팡이에 의지하셨고, 지하철의 계단 난간을 붙들지 않고는 다닐수 없는 모습을 보았습니다. 이렇게 힘없이 흔들리는 다리로 예배의 시간을 사모하여 빠짐없이 출석하셨습니다.

그리고 예배 후 두 손을 모으시고, 마르고 연약한 모습으로 기도에 몰두하시던, 그 모습을 저는 지금도 잊을 수 없습니다.

장로님은 겸손하기 때문에 누구와도 잘 인화 하셨습니다. 장로님의 일생을 한마디로 비유하면 밀알입니다. 목사님과 장로님들과 동역하다 보면 때로는 의견이 서로 맞지 않을 때가 많았지만, 언쟁을 하기보다 화합하며 결론을 빨리 도출하려고 하지 않으시고 묵묵히 계셨고 한번도 누구를 탓하는 것을 저는 몇 십년 동안에 본 적이 없습니다.

오로지 주님 말씀 따라서 살려고 어려운 여건 가운데서 애쓰셨고, 모든 어려움을 오직 기도에 매달리시던 모습만이 제게 선명하게 남아 있습니다.

장로님이 떠나신지 여러 해가 지났지만 여전히 주님 앞에서 교회에서의 장로의 도리를 숙제로 제게 남겨 놓으셨습니다. 그래서 바나바 같이, 한 알의 밀알 같이 살아오신 장로님의 아름다운 이름을 기억합니다.

저는 장로님의 삶을 본받기 위하여 장로님의 믿음의 모습을 마음 판에 비석같이 단단히 새기고 영원한 신앙의 멘토로 삼고 살아갑니다.

이명재 장로님을 마음 속 깊이 그리워하며 추모 글을 몇 자 올립니다.

보고 싶은 장로님을 기리며

전병열 | 금성교회 협동장로

장로님!

저는 대현교회 오기 전에 타 교회를 다니다가 대현교회를 접하게 되었으며 모든 것이 낯설고 잘 알지도 못하는 가운데 새로운 환경에서 믿음 생활을 시작 하게 되었습니다.

제가 온 뒤로 1년 남짓 시무를 하시다가 독일로 떠나셨던 윤종만 목사님과 사모님을 비롯 모든 성도님들이 늘 사랑으로 대해 주셨고 그 가운데서도 어느 누구도 차별 없이 다가 오셔서 사랑과 웃음으로 맞아 주셨던 분이 이명재 장로님(당시는 권사님)이셨습니다.

당시에 믿음 생활을 제대로 하지 못했고 때로는 방황을 할 때도 있었던 저에게 장로님께서는 모든 예배 시간과 장소에 구분이 없이 제일 먼저 성전에 오셔서 기도로 준비 하시는 모습을 보며 모든 분들의 본이 되는 장로님의 모습을 닮아야 겠다는 생각이 들었습니다.

장로님으로 피택을 받으시고 나서도 한 치의 변함도 없으신 모습에서 존경을 하게 되었습니다.

그 후 교회 생활을 하며 조금씩 믿음이 자라면서 장로님과 가까워졌고 장로님께서는 교회 안에서도 아들처럼 사랑을 주시면서 믿음이 자랄 수 있도록 이끌어 주셨습니다.

장로님께서는 대현교회에서 여러 목사님들을 대하셨고, 언제나 어디서나 교회 자랑과 교회 사랑을 많이 하셨고, 주의 종이라고 하는 목사님들에 대한 칭찬과 자랑을 가장 많이 하셨던 장로님입니다.

교회에서 어려운 일을 만나 내적 갈등이 심했을 때 "만일 선지자가 있어 여호와의 이름으로 말한 일에 증험도 없고 성취함도 없으면 이는 여호와께서 말씀하신 것이 아니요 그 선지자가 제 마음대로 한 말이니 너는 그를 두려워하지 말지니라"(신18;22)는 말씀에 장로님께서는 어깨를 다독이시면서 '하나님께서는 모든 것을 알고 계시니 판단하지 말고 하나님께 맡기고 기도를 하라'고 하셨던 장로님의 말씀이 위로가 되었습니다.

그리고 연로하신 가운데서도 경기도 마석에서 서울 금호동까지 차를 세 번씩이나 갈아타고 오시면서도 예배시간에 한 번도 늦지 않으셨습니다. 수요예배와 금요철야 예배를 마치고 시간이 늦어 가실 차편이 마땅하지 않아 모셔다 드릴 때면 어김없이 차 안에서 교회 자랑을 하시며 믿음생활을 잘하라고 말씀을 하시던 모습을 지금도 잊을 수가 없습니다.

그리고 몸이 불편 하셔서 동해 동인병원 병상에 계실때 뵈러갔을 때에도 '여기가 어디라고 왔느냐'고 하시면서 손을 꼭 붙드시고 기도를 해 주셨던 장로님의 모습에서 과연 나도 이처럼 힘들고 어려운 상황에서도 모든 이들에게 사랑을 전할 수가 있을까 생각했습니다. 장로님께서 동해로 떠나면서 교회를 잘 지켜 달라고 부탁하신 말씀을 지키지를 못해 너무나도 죄스럽고 장로님께 고개를 들 수가 없음에 용서를 빕니다.

장로님께서 병상에 계시면서도 주님을 향한 믿음이 변치 않으셨고 하나님의 부르심을 받는 순간까지도 믿음의 본을 저희들에게 보여주신 장로님! 장로님께서 영면을 하시고 저희들 곁에 계시지 않지만 장로님의 자손과 후배들을 위해 주님 곁에 보금자리를 준비 하시러 하늘나라로 여행을 떠나신 줄 저는 믿습니다.

현실 속에서 장로님을 너무나도 뵙고 싶은 마음은 이루 말로 표현 할 수 없지만 저희들을 위해서 더 좋은 곳에서 더 좋은 것으로 주시려고 주님과 함께 준비를 하시고 계실 장로님을 생각하면 슬퍼하기 보다는 감사를 드립니다. 장로님께서 가신길은 주님께서 말씀을 하신 것처럼 이 세상의 어떠한 사람이라도 피할 수가 없고 꼭 가야만 하는 길이요 후에는 반드시 심판이 있기에 저희들도 믿음을 잘 지켜서 주님 곁에 계신 장로님을 기쁨으로 뵙는 것을 믿기에 슬퍼 할 수가 없는 것이겠지요.

장로님!

장로님께서 하나님의 부르심을 받은 후에 대현교회에 남은 분들이나 대현교회를 떠나신 분들이 생전의 장로님을 기억 하시면서 장로님을 그리워하며 안타까운 마음을 전하시는 분들이 많이 계시다는 것을 아시는지요?

이처럼 많은 사람들이 지금까지도 장로님을 기억하며 그리워하는 모습을 보면 장로님의 믿음이 하나님 앞에서와 많은 성도들 앞에서 진정한 믿음의 본이었음을 확증하고 있습니다.

장로님!

장로님께서 하나님의 부르심을 받고나서 많은 것을 생각을 해 봅니다.

과연 장로님처럼 어느 누구에나 차별 없이 "찾아 가시고" "용납 하시고" "품어 주시고" "기도해 주시고" 사랑을 전하셨던 것처럼 저도 장로님의 믿음을 실천을 할 수가 있을 런지요?

장로님 아니 아버님!

이제부터라도 제가 어느 곳에 있든지 장로님께서 지켜보시는 가운데 믿음의 자녀로서 장로님을 실망 시키지 않도록 믿음을 잘 지키겠습니다.

장로님의 아낌없는 사랑을 받은 전병열 올림

존경하고 사랑하는 이명재 장로님을 추모하며

김종열 | 더 리본 신당지점 소장

존경하는 이명재 장로님과 저와의 인연은 고향인 경기도 이천에 있는 대흥교회에서 시작되었다고 봅니다. 물론 제가 어릴 적 장로님에 대한 기억은 없지만 그 당시 어머니를 따라 다니던 대흥교회를 장로님께서도 섬기고 계셨으니까요.

서울에 올라와 대현교회를 나가면서 장로님과 아내 되시는 최순배 권사님께서 대흥교회를 섬기셨고 '젊은 시절부터 저의 어머니, 아버지와도 잘 아시고 같은 교회에서 신앙생활을 함께 하셨다'라는 얘기를 듣고는 집안 내 친척 어른을 뵙는 듯하여 더욱 반가운 만남으로 대현교회에서 신앙생활을 할 수 있었습니다.

장로님의 얼굴에는 인자하심과 평안함으로 가득한 모습은 바라보는 모든 이들에게 귀감이 되셨고, 댁이 있는 여의도에서 금호동 대현교회까지 전철타고 오셔서 드려지는 주일 예배시간에도 누구보다 먼저 오셔서 앞자리에 앉으셔서 기도로 준비하셨습니다.

교회오실 때면 최순배 권사님의 손을 꼭 잡고 교회 앞 횡단보도를 건너시는 모습을 보고 있노라면 어느 그림보다도 어떤 연인의 모습보다도 다정하고 아름다운 모습으로 비춰졌습니다. 그러한 모습을 바라볼 때 제 마음에서는 어쩌면 저리도 두 분의 모습이 멋지시고 아름다우실까 하는 생각을 하곤 하였습니다.

어느 날부터인가 나의 마음 깊은 곳에서는 두 분의 삶의 모습과 장로님의 신앙적 모습들이 제 삶에 롤 모델이 되었습니다.

많은 사람들과 나누시는 대화 속에도 늘 평안함과 인자함이 묻어 나시고 교회에서 큰소리 한 번 내지 않으셨지만 신앙의 후배들이 잘못하는 일이 있으면 조용 하시면서도 부드러운 음성으로 바로 잡아 주셨고, 늘 반듯함과 단호함을 함께 보여 주셨습니다.

예배가 끝나면 내려오는 찬양 대원들 한 사람 한 사람에게 다가가 손잡아 주시면서 찬양에 은혜 받았다 격려해 주시던 모습이 그립습니다.

언젠가 제가 여의도 댁에 방문할 기회가 있었는데 들어서는 저를 마치 아들을 맞이하듯 다정하게 반겨 주시는 모습이 생각납니다. 뿐만 아니라 아버지가 아들에게 들려주시는 다정한 음성으로 말씀하시던 이야기들과 추억의 시간들이 지금도 기억 속에 선명하게 남아 있습니다.

저의 작은 바램중 하나가 있다면 내가 장로님의 모습을 보고 그러 했듯이 누군가 나의 살아가는 삶의 모습을 보고 롤 모델로 삼고자 하는 마음을 안겨줄 수 있는 모습으로 살아갔으면 하는 것입니다

사랑하는 이명재 장로님
많이 보고 싶습니다.
많이 그립습니다.
그리고 사랑합니다.

2021년 6월 어느날, 장로님을 사랑하는 김종열 드림

병상을 수시로 찾아와 기도해 주셨던 고마운 장로님

유선경 | 황재만 전 국가대표축구선수 부인

이명재 장로님.

참으로 오랜만에 불러봅니다.

그동안 천국에서 제 남편 황재만 권사랑 만나서 잘 지내고 계시죠?

얼마 전 장로님 따님 되시는 이명신 권사가 전화를 주셔서 "장로님의 물건을 정리하던 중 일기장이 수 십 권 나와서 이를 묶어서 책으로 내려고 한다."라고 하시는 말씀을 듣고 '역시 이명재 장로님이시구나, 역시나~'라고 생각이 들며 울컥하였습니다. 아직 읽어보지는 못했지만, 그 30여 권의 일기에는 틀림없이 하나님께 드리는 기도와 찬양과 감사일 것이라는 확신이 들었습니다.

장로님!

장로님을 생각하면 가장 먼저 떠오르는 성경 구절이 고린도전서 11장 1절의 "내가 그리스도를 본받는 자가 된 것 같이 너희고 나를 본받는 자가 돼라"와 빌립보서 3장 17절 "형제들아 너희는 함께 나를 본 받아라"입니다.

사도바울이 자신을 본받으라고 담대하게 외쳤던 그 모습에서 저는 제가 지금까지 만난 사람 중에 오직 한 사람 이명재 장로님을 떠올리게 됩니다. 세상의 눈으로 바라볼 때, 육체적으로나 물질적으로 힘드실 때도 항상 웃으시며 사랑의 눈으로 어려운 교우들을 찾아가시고 위로하시며 묵묵히 하나님 말씀을 실천하시던 진정한 믿음의 본, 기도의 본, 사랑의 본, 나눔의 본을 보이셨던 분이셨습니다.

남편 황재만 권사가 오랫동안 병상 생활을 하며 병원에 입 퇴원을 반복하던 어려운 시기에 한걸음에 달려오셔서 위로해 주시고 기도해 주시던 모습 잊을 수가 없습니다.

남편과 우리 가정을 위한 기도는 위로가 되었고 큰 힘이 되었습니다. 어디 그뿐입니까! 아드님의 사업문제로 교회에서 한 시간 반이나 걸리는 곳으로 이사하신 후에도 대중교통으로 몇 번을 갈아 타시면서도 주일예배는 물론이요, 수요예배, 금요예배로 예배 때마다 제일 먼저와 계시던 장로님은 진정한 예배자이셨습니다.

제가 장로님을 특별히 기억하는 것은 필리핀에 가 계시면서 제게 보내준 편지 때문이기도 합니다. 지금도 그 편지를 소중하게 간직하고 있어 일부 내용만 옮겨 봅니다.

황재만 권사님 유선경 집사님

보고 싶고 그리워지는 두 분의 모습입니다.

가까이 하면 할수록 친근감과 평안이 풍겨 나오는 두분, 教會 안에 어느 자리에 앉아도 모든 일을 해낼 수 있는 萬能士, 우리 대현교회에 하나님께서 내려주신 福中에 福이로다. 할렐루야.

하나님과 유 집사님, 권사님만이 아는 아픔들을 주님이 주시는 위로와 예수 이름으로 싸우며, 환경을 다스리고 정복하는 강력한 능력을 의지하며 勝利하시는 두 분의 생활모습을 通해서 苦難 당하는 많은 사람들에게 새 힘을 안겨 주십니다. 정말 두 분은 장하시고 훌륭하십니다. 자녀 대현이와 대균이도 이미 하나님께서 그들에게 내려주실 큰 福을 예비하고 계심을 믿습니다.

황재만 권사님, 유선경 집사님.

늘 主推의 恩惠로 넘치는 生命과 所望으로 充滿하시기를 빕니다.

우리 모두 함께 祈禱하며 삽시다.

주의 이름을 讚揚하며 삽시다. 感謝드리며 삽시다. 아멘.

저는 힘이 들 때마다 이 편지를 읽으며 위로와 소망을 얻곤 했습니다. 장로님은 제가 하늘나라에 가는 날까지 제 기억 속에 영원히 계실 것입니다.

이명재 장로님.

곧 뵙게 될 하늘나라에서의 만남을 기대합니다.

슬픔도, 고통도, 아픔도 없는 그곳에서 기다려 주세요.

장로님의 선한 미소가 그립습니다.

교회의 기둥이었던 귀한 장로님

윤선희 |대현교회 권사

제가 기억하는 이명재 장로님은 늘 성도들과 함께 기도의 자리에 계셨고, 성도의 아픔을 장로님의 아픔처럼 여기시며 기도하셨으며, 교회의 부흥을 위해서도 뜨겁게 기도하셨던 대현교회의 기둥이셨습니다.

그 누구보다도 맑은 영을 소유하고 계신 장로님이셨습니다.

오래 전 어느 날, 금요예배 때 장로님 옆자리에 앉아 예배를 드린 적이 있습니다. 그즈음 저는 기도를 한다고 아버지를 부르고 울고 매달리던 시절이었습니다.

그리고 그 때 방언이 터졌습니다. 처음 터진 방언은 주위 성도들의 기도를 방해할 만큼 시끄러웠습니다. 그 때 옆자리에 앉으셨던 장로님께서는 목사님께 방언기도를 막지 말고 할 수 있게 해달라고 부탁을 해주셨습니다.

그리고 저에게 '기도하는 자는 방언을 해야 속 깊은 곳에 있는 것까지 토해 낼 수 있다'고 알려주셨습니다. 절제할 수 없을 만큼 쏟아지던 방언 기도가 창피한 일이 아님을 가르쳐주셨습니다. 그 일은 저에게 큰 고목나무 그늘처럼 마음속에 위로와 사랑으로 남아 있습니다.

많은 성도들이 장로님께 기도를 부탁하셨습니다. 부탁을 들으시고 장로님께서는 아프셨던 모 권사님을 위해 30년을 하루도 빠지지 않고 기도하셨다고 말씀 하셨습니다.

이웃을 위해 기도하고 계셨던 장로님의 모습은 삶의 현장에서 신앙생활을 통해 이웃사랑, 형제사랑을 몸소 가르쳐 주셨습니다.

"무얼 먹을까, 무엇을 입을까 염려하지 말라 이것은 이방인이 구하는 것이라!" 우리의 필요를 아시는 하나님을 믿고 믿음으로 나가라고 늘 격려를 아끼지 않으셨던 장로님.

그 때도 지금도 여전히 장로님은 저의 감사입니다.

장로님을 마음 깊이 추모하며 그 삶을 닮아보려 노력하겠습니다.

더 내려놓고 살려고 노력합니다.

변우자 | 대현교회 권사

함께 수록한 사진은 고 이명재 장로님께서 선물해주신 "더 내려놓음" 이란 제목의 책 여백에 써주신 글입니다.

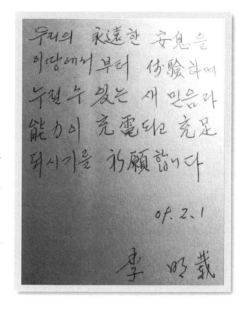

4월 어느 봄날에 천국으로 이사하신 이명재 장로님은 진정한 믿음, 사랑, 헌신을 몸소 보여주신 믿음의 아버지셨습니다.

그 분은 제 인생에 결코 잊을 수 없는 진정 따뜻한 미소를 내 가슴에 아로새겨 놓으신 분이십니다. 마지막 길 병상에서 얼마나 고통스러우셨을까 생각하면 이제 주님나라 저 천국에서 평안히 쉬고 계심에 감사하게 됩니다.

그런데 못내 아쉬운 생각이 내 가슴을 먹먹하게 하는 것이 있습니다. 먼 곳으로 이사하신 슬픔이 남아 있고 좀 더 잘 섬겨 드릴 것을 후회하게 되는 것입니다.

장로님 진심으로 감사 했습니다. 우리 모두에게 넘치는 사랑을 베풀어 주신 것을요. 천국에서 장로님을 꼭 다시 뵈올 것을 믿습니다. 천국에서 주님 사랑 듬뿍 받고 계시리라 믿고 늘 기도합니다.

그리고 저 역시 믿음의 증인되신 그 발자취를 잘 따르렵니다. 주신 말씀 대로 믿음과 능력이 늘 충만하도록 기도하며 노력하겠습니다.

생각만 하면 눈물이 흐르는 아버지

이종선 | 장녀

아버지,

마음속으로 부르고, 또 생각하면 어김없이 가슴이 뜨거워지면서 눈물
이 나는 것은 왜일까?

이 세상에서 제일로 존경하고 자랑스러웠고, 누구에게나 당당하게 말할
수 있던 분이 바로 내 아버지시다.

어릴 적 시골에서 초등학교를 다닐 때 첫 자식이라 그러셨는지 성적표
받는 날은 동구 밖까지 나오셔서 성적표를 보자고 하셨다. 한글도 아버지
께서 내게 알려 주셨고, 학교의 모든 일도 아버지께서 참석하셨다.

나는 아버지는 화장실도 안 가시는 분 인줄 알았었다. 화나는 일이 있으
면 며칠을 말씀을 안 하시고 기도하셨던 아버지. 우리 4남매를 매 한번 안
드시고 우리를 신앙의 길로 이끌어 주신 분, 내 아버지 우리의 아버지.

내가 철없이 불교 집안의 남자와 결혼한다 하니 반대는 안하시면서 '시부
모님께 무조건 순종하되 네 마음속의 예수님을 끝까지 모시고, 믿음 잃지
말라'고 울먹이며 당부하신 아버지의 말씀을 새기며 고된 시집살이를 했던
기억도 생생하다.

결혼 후 7년 만에 시댁이 모두 교회에 나가게 되었을 때 제일 처음으로
성경 찬송을 들고 시부모님께 선물하신 멋진 아버지. 철저한 불교집안이었
던 시댁이 아버지의 기도로 인해 장로로 소천하신 시아버지를 비롯 자녀
모두가 주님의 자녀로 충성하며 살고 있다.

중환자실에 계실 때 '이 세상에서 제일보고 싶은 사람이 누구냐'고 여쭈었을 때 '예수님'이라고 하셔서 나를 당황하게 했던 아버지. 내가 외국에 거주할 때 안부를 물으시면서 건강하게 잘 있다 하면 그저 "감사하다 감사하다" 하셨는데 무엇이 그리 감사하신 지 그 때는 몰랐었다. 그러나 지금은 알 것 같다. 내가 그렇다. 모든 것이 감사한 마음이다.

아버지 장례식에서 나는 또 한 번 놀라고 놀랐다. 몇 십 년 만에 만난 일가친척과 지인들이 모두 와 주셨다. 이른 새벽부터 늦은 밤까지 장례식장은 조문객들로 꽉 찼다.

평소에 아버지를 많이 존경하고, 정말 사랑했지만 나 뿐 아니라 이 모든 사람들에게도 아버지는 그런 분이셨던 거였다. 아버지께서 천국에 가시고 꼬박 1년을 매일 밤 울었다. 그리워서, 아쉬워서, 보고 싶어서. 지금 이 글을 쓰면서 나는 또 운다.

사랑하는 아버지 보고 싶습니다. 아버지가 이리도 그립습니다. 아버지의 한없는 사랑이 나를 울게 하고, 아버지의 신실한 신앙생활이 오늘 내게 신앙인으로 살아갈 힘을 주고 있습니다.

아버님의 신앙을 늘 마음 깊이 기억하고 멘토 삼아 열심히 살겠습니다. 감사합니다.

어린아이의 미소를 잃지 않으셨던 이명재 장로님

민경중 | 둘째 사위·평심원감리교회 목사·노인요양시설 평심원 원장

이명재 장로님이 결과적으로 제게는 장인어른이 되셨지만 제가 뵙고 함께 삶의 시간을 나누었던 기간은 전도사와 교회 장로님의 형식적인 관계였습니다. 벌써 30년 가까이 지났기에 생생한 사례를 들어 표현할 수는 없겠지만 오히려 그렇기에 가장 명료하게 이명재 장로님의 생전 모습을 총체적으로 회고하면서 그 특징을 말씀드릴 수 있을지도 모르겠습니다.

제가 기억하는 이명재 장로님의 모습 중 가장 기억에 남는 것은 바로 어린아이처럼 맑은 얼굴이었습니다. 이미 환갑을 넘기신 어른의 얼굴이 어린아이와 같기는 쉽지 않습니다.

특히 1930년대 초반에 태어나신 분들은 그 지낸 세월이 아주 거세고 무서웠습니다. 왜정 말기의 혹독함을 유소년으로서 겪었고 청소년기는 해방 전후의 혼란과 6.25 전쟁에 내몰렸습니다.

전후 복구와 자유당 시절의 소설 같은 굴절의 시대에 결혼과 함께 가정을 책임져야 했고, 그 와중에 정치적인 혼란과 경제개발이라는 본의 아닌 삶 속에서의 부침도 중심에 서서 견뎌야 했습니다. 어느 순간도 방심할 수 없었던 시절들을 관통하셨으면서도 그분에게 담겨있던 어린아이 같은 환하고 맑은 얼굴은 참 제게는 묘한 감탄을 자아내게 했습니다.

성경에 기록된 말씀들 가운데 어린아이에 대한 부분들을 대충 편집, 요약해 붙여 놓으면, '어린아이와 같지 않으면 하나님 나라에 들어갈 수 없고 이렇게 어린아이와 같은 사람이 하나님 나라에서 가장 큰 사람이다'라고

읽힙니다. 물론 제 개인적 소견입니다만.

항상 저와 얼굴을 마주하실 때면, 그 맑은 얼굴에 미소를 잃지 않으셨고, 배려하셨습니다. 그래서 이명재 장로님과 마주할 때는 수련 전도사와 교회 장로님 사이의 묘한 직업적 긴장감은 거의 없었던 것으로 기억합니다.

언제나 상대방에게 선의를 내 비추시며 하셨던 말씀의 내용은 다 잊었지만 아직도 그분의 마음과 그 선한 자세는 그분의 신앙과 더불어 제게 뚜렷이 각인되어 있습니다. 어린아이와 같은 마음과 자세로 저와 주변인들에게 선대하시면서 사시던 분 이명재 장로님, 그분이 지내신 세월의 엄혹함을 감안할 때 정말 기대하기 어려운 기적과 같은 인격과 신앙을 지니셨음을 기억할 수 있기에 삼십 년이나 지난 지금에도 가족관계에서 비롯된 의무나 부담감이 아닌 한 존경하는 신앙인이자 인생 선배에 대한 기꺼움으로 이 글을 쓸 수 있는 것이겠지요.

제가 뵈었던 이명재 장로님의 삶의 모습은 굳이 기독교적인 관점이 아니더라도 얼마든지 다르게 표현할 수 있습니다. 딱 맞는 전통적 표현이 바로 인자무적(仁者無敵)입니다. 그간, 이명재 장로님에 관한 많은 회고담을 지인들을 통해 들을 기회가 있었습니다. 여럿의 의견이면 대개는 험담 한 마디 나올 법한데, 그중에 누구도 그분을 진심으로 적대하는 분이 없었습니다. 그렇기에 인간적으로는 참 부럽기도 하고 가족으로서는 더 이상 뵐 수 없어 속상했습니다. 아니, 조금 더 제가 인생에서 철이 일찍 들었더라면 조금 더 긴밀하게 교제하면서 많은 감화를 받았을 텐데 이제는 그저 과거의 편린들이나 조합해 보아야 하니 매우 후회스럽습니다.

어쩌다 하나님의 역사로 제가 이명재 장로님과 가족의 인연으로 이어지게 되었지만, 글을 쓰는 이 순간에도 여전히 막연한 '장인어른'보다는 역시

'이명재 장로님'이 보다 현실적인지라 호칭도 솔직하게 드러내 보았습니다. 지금 생존해 계신다면 참 재미있게 어울릴 수 있을 것 같다는 상상도 해 봅니다만 과한 욕심이겠지요? 아니면 못내 풀 수 없는 그리움일까요? 어찌 됐든 신앙인으로서, 사랑을 베푼 아버지로서 당대와 후대에게 깊고 선한 그리움을 남기고 가셨다면 그 삶은 아름다운 열매를 거둔 것이 아닐는지요?

존경하는 분을 생각하면서 짧게 적어보았습니다.

아버지의 이름은 그리움입니다

이명신 | 차녀·통일부 국립통일교육원 공공부문 전문강사

아버지께서 저의 곁을 떠나신 지 벌써 8년의 세월이 지났습니다.

이 후 아버지라는 이름은 눈물이 되었고 가슴 저리게 만드는 이름이 되었습니다. 뭉게구름을 보아도, 길가에 제멋대로 핀 들꽃을 보아도 그곳에 아버지가 있습니다.

해마다

4월이 오면 힘겹게 본향(本鄕)으로 떠나시던 모습이,

6월이 오면 이 푸르고 아름다운 산천의 전쟁터에서 목숨 걸고 나라를 지키고자 싸우셨을 모습이,

8월이 오면 아버지의 생신을 축하드리기 위해 모인 자녀들과 손주들을 바라보며 기뻐하시던 모습이,

설날과 추석이 되면 '지금까지 지내온 것 주의 크신 은혜라' 찬송으로 조상들을 추모하며 설교하시던 모습이,

부활절이 되면 사순절부터 새벽특별예배 참석을 위해 저녁식사를 마치시고 홀로 교회로 향하시던 모습이,

추수감사절이 되면 새 돈으로 정성껏 감사헌금을 준비하시던 모습이,

성탄절이 되면 축제를 맞이한 듯 신이 나셔서 지역주민들에게 수돗물을 선물하시던 모습이,

연말이 되면 송구영신예배를 위해 추위를 무릅쓰고 12월 31일 저녁 교회에 가셔서 1월 1일 새벽에 돌아오셨던 아버지의 모습이 파노라마처럼 떠

오릅니다.

아버지의 한결같았던 믿음과 신실하게 신앙생활 하시던 모습 그대로 언제나 제 안에 함께 하고 계십니다. 아버지 쓰시던 책상 유리받침 아래 있던 '살아도 산 것이 아니고, 죽어도 죽은 것이 아니다'라는 말씀처럼 지금도 제 안에서 살아계십니다. 예수님처럼 말이지요.

그럼에도 어디에서 무슨 일을 하고 있던지 아버지의 이름은 눈물이 되었습니다. 아버지가 떠나시고 나니 아버지의 존재는 하나님처럼 저의 삶 전반에 영향을 미쳤고, 의지했고, 소중한 존재였음을 알게 되었습니다.

자녀 교육을 위해 서울로 온 가족이 이사한 후 성실함과 책임감이 투철하신 아버지는 서울 산동네에서 물을 파는 수도가게와 구멍가게를 시작으로 연세대학교 교직원 신분이 되면서 우리 4남매는 평범하고 안정된 환경에서 자랄 수 있었습니다.

자녀들을 대할 때 아들과 딸 그리고 장자와 차자에 대한 차별이나 편애가 없으셨습니다. 먹을 것이 있으면 똑같이 나누어 주셨고 야단을 칠 때도 똑같이 야단을 치셨습니다. 교육도 '공부하기 원하고 능력이 되는 자녀에게 학업의 기회를 주겠다'고 공언하시고 그대로 하셨습니다. 한 번도 딸이니까, 둘째니까 양보하라는 말씀을 하신 적이 없습니다.

중학교까지는 별 어려움 없이 학교생활을 했는데 고등학교 진학 시 학교를 내 의지로 선택하고 싶어서 상업학교를 지원했습니다. 이 때 아버지께서는 인문계 고등학교와 상업학교를 선택한 후 앞으로 진로에 미칠 영향에 대해 설명해 주시고는 '네 자신이 결정하고 결과에 책임지라'고 하셨습니다.

이러한 자녀 교육과 양육 태도는 무슨 일을 하던지 자주적이고 독립적인 삶의 태도를 견지하는데 영향을 미쳤습니다. 평생 일과 삶에 대한 적극적인 자세와 자존감은 아버지의 양육태도에 기인했다고 생각합니다. 격려와 지지를 아끼지 않았던 좋은 아버지를 만난 것이 참으로 감사한 이유입니다.

저는 공부와 학위에 대한 필요성을 그리 못 느끼고 사회복지 현장에서 살아왔지만 앞으로 감당해야할 사명이 있기에 북한선교와 기독교 통일에 관한 박사학위까지 받고 월드비전을 은퇴하게 되었습니다. 저의 뒤늦은 박사학위를 가장 기뻐하실 분은 아마도 천국에 계신 아버지일겁니다.

아버지와 엄마 성격은 많이 다른 편입니다. 아버지가 지적인 사유를 즐기셨다면 엄마는 사람들 속에서 활발하게 교류하며 실천적인 삶을 사셨습니다. 아버지가 하늘에 속한 것을 구하셨다면 엄마는 현실에 충실한 삶을 사셨고 특히 어려움에 처한 사람들이 찾아와 부탁하면 거절을 못하고 적극적으로 도와줄 방법을 찾으셨습니다.

현재 요양원에서 힘든 시간을 보내고 계신 엄마는 아버지 돌아가신 사실을 잊어버리신 듯 '아버지가 밖에 오셨다. 집에 오셨다'며 여전히 아버지를 붙들고 있습니다. 오늘은 엄마한테 부모님 신혼 초 사진을 보여드리며 '엄마가 참 미인이었어요'라고 했더니 '나는 못생겼어'라고 하셨습니다. 제가 볼 때 눈이 가늘게 올라가고 얼굴선이 갸름해서 세계적인 동양모델상인데 말이지요.

이어 '아버지는?' 하고 여쭈었더니 '아버지는 잘 생기셨지. 내가 아버지를 좋아했어. 그냥 좋아어'라고 말씀하셨습니다. 엄마 보시기에 아버지는 공부도 잘하셨고, 잘생기셨고, 사람들에게 존경도 받으니 좋아하는 마음에 존경심을 더해 활발한 성격을 죽이고 아버지 뒤에서 조용히 사신 것 같습니다. 아버지 앞에 서기만 하면 작아지는 엄마였습니다.

제가 평생 봐온 아버지의 삶은 그 자체가 사랑이셨습니다. 참 그리스도인이셨습니다. 아버지가 사람을 미워하는 것을 본 적이 없으니까요. 늘 상대편에서 이해하셨죠. 한 사람 한 사람 모든 사람을 칭찬하기 바빴습니다.

아버지는 경제적 어려움이 삶의 불편함을 끼치는 것보다 '믿지 않는 사람들이 어떻게 생각하겠느냐'며 전도에 방해될 것을 걱정하셨습니다. 특히 아버지 친형님을 비롯하여 친 가 쪽에 하나님을 믿는 분들이 계시지 않아 늘 걱정하면서 기도하셨습니다.

이를 위한 아버지의 평생의 기도를 지켜보았는데, 큰엄마 돌아가시기 전 추석 때 찾아뵈었더니 저에게 귓속말로 "나 이제 교회 다녀. 하나님 믿어"라고 웃으시며 속삭이듯 말씀해 주셨습니다. 자녀들을 의식해 조용히 말씀하셨지만 당신과 가족을 위한 아버지 기도를 큰 엄마는 알고 계셨던 거죠.

기업을 운영하며 경기도의원이셨던 사촌오빠는 위암으로 병원에 입원 중 병문안을 갔더니 기도해 달라고 하셨습니다. 얼마 후 스위스출장 중에 아버지를 찾는 큰 사촌오빠의 전화를 받았습니다. 작은 사촌오빠가 임종을 앞두고 급히 아버지를 찾는데 아버지와 통화가 안 된다며 저에게 연락한 것입니다.

작은 오빠가 기도부탁을 하러 임종을 앞두고 급히 아버지를 찾은 것입니다. 결국 작은 오빠는 주님을 영접하고 천국으로 가셨습니다. 지금은 천국에서 아버지와 함께 하실 거라 믿습니다.

대부분의 자식들은 부모님이 돌아가시면 후회하고 그리워한다지만 아버지는 단지 아버지여서가 아니라 믿음을 신앙생활로 실천하며 사셨기에, 헌신과 사랑의 모습으로 사셨기에 끝내 그리움이 마르지 않습니다.

아버지가 자랑스럽습니다. 아버지의 삶을 닮고 싶은데 결코 그리 살 수 없음을 알고 있습니다.

이렇게 귀한 아버지를 주신 주님께 감사하지 못했습니다. 제게서 불러 가신 것을 따지고 화내고 외면했을 때 주님께서 아버지의 존재가 저에게 주신 '십(十)의 구조(九租)'였다는 사실을 깨닫게 하셨습니다. 그리고 '아버지를 불러 가심이 아버지와 남겨진 저희들에게 유익하다'는 말씀으로 위로해 주셨습니다.

부르고 불러도 그리운 아버지를 생각하며 하루하루 일과를 글로 남겨놓으신 일기를 기초로 아버지의 흔적을 모아 추모하고자 합니다.

이 작은 노력이 화해가 필요한 곳에 화해를, 믿음의 필요한 곳에 믿음을, 사랑이 필요한 곳에 사랑으로 흘러가 하나님의 뜻이 하늘에서 이루어진 것처럼 이 땅에서도 이루어지길 기도합니다.

이제야 깨닫는 아버님의 깊은 사랑과 은혜

이종익 | 장남·한복디자이너

생전에 아버지를 기억하며 생각하니 여러 가지 사건들이 떠오르면서 그저 눈물이 소리 없이 흐르네요.

제가 젊었을 때부터 술 좋아하시는 것을 아시고 '몸에 안 좋으니 끊으라'고 하셨는데 실행을 하지 못하니 정 마시고 싶으면 '한 모금을 다섯번에 나누어 마시라'고 모질지 못하게 훈계하셨습니다.

청개구리처럼 아버지가 이 세상에 안 계시니 마음고생 시켜드리고 속 썩이던 것만 자꾸 생각납니다. 심지어 저혈압이라 가끔 반주로 드시던 맥주도 '내가 술을 입에 대면서 어떻게 자식들에게 금주하라고 말 할 수 있느냐'며 어떠한 경우에도 술을 입에 대시는 일이 없으셨습니다.

모태 신앙인이었지만 학교 가듯이 교회에 다닐 때에도 항상 바른 신앙생활을 권면하셨고 결혼 후 분가한 다음에 주일마다 교회에서 얼굴 보여드리고 찬양대에서 찬양대원으로 예배드릴 때 가장 기뻐하시고 웃으시던 아버지의 모습이 생각납니다.

어느 부모나 모든 자식을 사랑하겠지만 나는 아버지의 사랑을 남부럽지 않게 많이 받았다고 생각합니다.

제가 신앙에 무지해 방황할 때도 항상 눈물로 기도하시던 아버지셨습니다. 어느 날 '새벽기도하다 하나님의 음성을 들었다 종익이는 내 품안에 있으니 걱정하지 말라'고 하셨다며 저한테 이제는 '니 걱정 안한다'라고 말씀하셨습니다.

저의 사업이 흥할 때도 있었고 망할 때도 있었습니다. 지금도 완전히 회복된 것은 아니지만 내 안에 주님을 모시지 못하고 살았던 지난날을 돌아보며 다시 찬양대원으로 주님을 섬기는 나날을 보내고 있습니다. 한복작업을 하다가 찬양하고 있는 모습을 보고 스스로 놀라기도 합니다. 이제 찬양 없는 삶은 생각할 수 없게 되었습니다.

이제 나이가 들며 조금씩 철이 드는지 아버지의 경건한 모습과 바른 신앙생활을 닮아가고 싶습니다. 지금 제가 이만큼 살아가는 것도 저를 위한 아버지의 생전 기도 덕분이라고 믿습니다.

왜 아버지가 살아계실 때는 그렇게 철이 없었는지 제 주님께게 허락하실 앞으로의 삶도 아버지의 기도대로 참 신앙인으로 살다 아버지가 계신 천국에서 뵙길 소망해봅니다.

아버지. 사랑합니다. 그리고 보고 싶습니다.

사랑하는 나의 아버지, 늘 그립습니다

이종필 | 차남·자영업

아버지. 그 이름을 조용히 되뇌어 보면 마음 깊은 곳에서 울컥 깊은 슬픔이 파도처럼 밀려옵니다. 아울러 함께 평소 기도하시고 성경 읽으시던 모습이 오버랩 되어 마치 영상처럼 나타나곤 합니다.

아버님이 천국여행을 떠나신지 어언 8년이 지났습니다. 적지 않은 시간이라 이젠 아버님과의 기억이 조금씩 흐릿해져야 하겠지만 제겐 전혀 그렇지 않습니다. 오히려 더욱 더 또렷해지고 좀 더 효도하지 못한 것에 대한 죄송스러움이 한으로 또 안타까움으로 남아 있을 뿐입니다.

아버님은 제게 언제나 자애롭고 따뜻한 바다 같은 분이셨습니다. 저의 모든 것을 아낌없이 품어 주시고 안아 주시고 보듬어 주셨기 때문입니다. 그 어떤 것도 다 받아주셨습니다.

제 어린 날, 초등학교 졸업식과 중학교 졸업식에 아버님은 환한 얼굴로 밝게 웃으시며 수고했다고 나를 데리고 중국집에 가서 짜장면을 사 주셨습니다. 그 달콤했던 짜장면 맛과 함께 활짝 웃으시던 아버님의 미소는 제 머리에 각인되어 아버님이 생각날 때 마다 기억의 창고에서 소환되어 어김없이 나타나곤 합니다.

아버님은 진정 믿음의 사람이셨음이 자식인 제가 늘 자랑스럽습니다. 아버님이 가시는 곳엔 언제나 성경책이 따라 다녔고 자리를 잡으시면 가장 많이 볼 수 있는 장면이 성경을 읽으시고 기도하시는 모습이셨습니다.

새벽에 일어나 새벽기도로 하루를 시작하셨고 하루의 마감도 반드시 기도록 끝을 맺으셨습니다. 모든 이들을 위해 덕담과 기도를 아끼지 않으셨고 사랑으로 나눔을 실천하셨습니다.

인생 노년에 아버님이 가장 행복해 하신 것은 교회에 가서 예배를 드리는 것이셨습니다. 집이 이사를 해 2시간 이상이 걸리는 먼 거리였지만 늘 예배를 소망하고 은혜를 사모하며 교회를 기쁨으로 다녀오셨습니다. 그 한결같은 정성과 노력에 참으로 놀라움을 갖지 않을 수 없습니다.

인생을 사시면서 숱한 문제들로 어려움과 고통이 많으셨을 것입니다. 자식들로 인해 마음아파 하신 일이 참으로 많았습니다. 그런데 이 모든 것을 신앙으로 극복하시고 어떤 상황에서도 자녀들을 나무라지 않고 언제나 품어주셨던 그 사랑은 제가 도저히 따라갈 수 없는 부분이기에 참으로 존경을 하지 않을 수 없습니다.

아버님. 이젠 사진으로밖에 만나 뵐 수 없지만 아버님이 저희 자녀와 손자들에게 해주시던 기도의 음성은 여전히 제 귀에 메아리처럼 남아 있습니다. 아마 천국에서도 저희를 위해 기도해 주시리라 믿으며 아버님의 고귀한 신앙을 저도 이어갈 수 있도록 노력하겠습니다.

아버님. 사랑합니다. 감사합니다. 보고 싶습니다.

언제 한 발 뒤에서 나를 세심하게 챙겨주신 감사한 분

박이 한나 | 손녀·Gamage Inc.Sales Manager/Director

"하나님이 세상을 이처럼 사랑하사 독생자를 주셨으니 이는 그를 믿는 자마다 멸망하지 않고 영생을 얻게 하려 하심이라"(요한복음 3장16절)

이 성경 구절은 어렸을 때부터 할아버지가 꼭 외우기를 당부하셨던 구절이라 아직까지 머리와 마음에 남아 있다. 커서 가끔씩 만나 뵈었을 때마다 이 구절을 외우며 아직 안 까먹었다고 말하면 그렇게 좋아하셨다.

밥을 먹을 때 배부르면 억지로 먹지 말라고 하셨고 깔끔한 할아버지는 항상 내 뒤를 다니면서 긴 머리카락을 주우셨다.

공부를 중요하게 생각하셨던 할아버지는 어떻게든 나에게 공부를 가르쳐 주려고 하셨는데 내가 '생각 좀 해볼게요.'하고 잠만 실컷 잤던 게 기억이 난다.

그래도 나한테는 잔소리 한번 안 하셨던, 제일 밝게 웃어주셨던 나의 어릴 적 아버지 같았던 할아버지.

자식들과 손주 손녀들에게 돈보다는 믿음의 싹을 심고 가신 할아버지.

할아버지는 자식들이 힘들어지거나 어려운 일을 겪을 때, 자기 자신의 삶이 하나님께서 기뻐하지 않으셨거나 믿음이 부족해서 이런 일을 겪는 것은 아닌지 미안해하시곤 하셨다. 아버지가 겪는 사업의 어려움이 당신의 잘못으로 인해서인 양 회개의 삶을 사셨다.

그저 뒤편에 서서 묵묵히 기도해 주시고 축복해 주시던 그런 할아버지. 분명한건, 큰 병 없이 건강한 몸과 힘들어도 금방 일어서 웃을 수 있는 성

205

격과 다른 종교는 생각도 해보지 않을 정도로 뿌리박힌 기독교 신앙정신과 비록 약한 믿음일지라도 손주 손녀들의 안정적인 결혼생활(미래는 어떨지 몰라도)과 아직도 계속해서 늘어나고 있는 할아버지의 핏줄들은 분명 하나님이 그를 통하여 계속 지금도 축복하시고 계신 열매라고 본다.

할아버지가 천국에서 우리를 보시고 당신의 기도가 헛되지 않았음을 느끼셨으면 좋겠다. 할아버지 덕분에 뉴욕의 파슨스디자인스쿨에서 원하던 공부도 했고 세상에서 가장 멋진 남편을 만나 아힘이와 아솔이와 함께

우리가 이렇게 많은 것을 누리고 살고 있음에 감사한다. 할아버지는 천국에서 하나님께 칭찬 많이 받으실 것이라 믿는다.

"할부지 아이 러브 유."

엄했지만 늘 사랑으로 안아주셨던 할아버지

이영수 | 손자·회사원

할아버지께서 돌아가신 지도 수년이 흘렀습니다.

할아버지께서 돌아가실 때 저는 군 복무 중이어서 임종을 지켜보지 못했지만 특별휴가를 받아 마지막 가시는 길을 지켜보았습니다. 많은 분들이 할아버지의 죽음을 안타까워하고 슬퍼하는 모습을 바라보며 할아버지가 얼마나 인생을 가치 있게 사셨는지 생생하게 확인할 수 있었습니다.

사실 어릴 적부터 할아버지 밑에서 자란 저는 항상 엄하셨던 할아버지께 늘 불만이었습니다.

어릴 적 할아버지께서 하셨던 말씀들이 나를 위함을 알지 못하고 남들에겐 좋은 할아버지, 나에겐 무서운 할아버지라는 생각을 하며 그저 남들처럼 자유롭게 놀지 못하고 억압되었다는 생각을 갖고 살았던 것 같습니다.

점차 나이가 들어가며 그 모든 것들이 나와 내 미래를 위함이었다는 것을 알아가면서도 부끄러운 맘에 돌아가시기 전까지 감사하다는 말 한마디 드리지 못했던 것이 지금도 후회로 남습니다.

임종 후 얼마 뒤에 있었던 사촌누나의 결혼식 전날, 할아버지께서 제 꿈에 나오셨습니다. 말씀을 하지는 않으셨지만 제가 알고 있는 한 가장 행복한 웃음을 머금고 계셨습니다. 전 아직도 그 모습을 잊지 못합니다.

조금이라도 정정하실 때 많은 이야기를 나누었으면 하는 아쉬움과 미련이 마음 한편에 자리 잡아 아려오고 할아버지가 그리워집니다.

이제는 그 철없던 저도 짝을 만나고 곧 결혼을 합니다.

할아버지가 계셨더라면 함께 기뻐하시고 축복해주셨을 텐데 아쉬운 마음입니다. 천국에서라도 축복해 주실 것을 믿습니다.

할아버지, 사랑하는 나의 할아버지

꿈에서라도 한 번 더 뵙고 싶습니다.

사랑하는 우리 할아버지,
하늘나라로 가시고 나서 더 많이 생각나는
우리 할아버지

민예솔 | 손녀·미국변호사

초등학생 때 집에서 피아노를 연주하면 소리가 듣기 좋다며 빳빳한 새 돈 1,000원을 용돈으로 주셨던 할아버지가 제일 먼저 기억난다.

내가 심한 감기 몸살로 식사도 못 하고 걷기도 어려웠을 때 손수 식사를 방으로 가져와 밥을 떠 먹여주시고, 가느다란 팔다리로 나를 안아서 마루에도 데려가시고, 하루 끝 잠들기 전 기도해 주셨던 할아버지. (할아버지가 기도해주신 그다음 날에는 항상 건강이 회복되었었다.)

중학생 때 시험에서 처음으로 100점을 받았는데 정말 기뻐하시며 고생했다며 토닥여주셨던 할아버지.(그리고 다음 시험에서 100점 맞을 때마다 한과목당 1만원씩 주시겠다고 약속하시고는 다음 시험에서 나에게 용돈으로 모두 6만원을 주셨어야 했다.)

고등학생 때 필리핀 유학으로 공항으로 떠날 때마다 배웅해 주셨는데 내가 탄 택시가 떠날 때까지 시선을 떼지 않으시던 할아버지.

대학생 성인이 되어서도 아직 어린이라며 어린이날마다 빳빳한 새 돈으로 용돈을 주셨던 할아버지.

내가 친구와의 약속에 가기 위해 옷을 차려 입으면 "참 멋있다"하곤 함박 웃음을 지으시던 할아버지.

내가 엄마랑 말다툼하고 방에서 혼자 속상해하고 있으면 방으로 노크하고 들어오셔서 위로해 주셨던 할아버지.

정말 그립고 보고 싶은 내 기억 속의 할아버지이시다.

나만 알고 있는 할아버지의 소소한 일상을 기억의 창고에서 꺼내어 본다.

손녀뿐 아니라 집에서 키우던 작은 갈색 푸들 '예삐'를 예뻐하셔서 다정하게 "예삐야~" 부르시고는 함께 산책도 나가고 털도 직접 깎아주셨던 할아버지셨다.

집 근처 단골 순대국밥 집에 갈 때도 깔끔하게 다린 셔츠와 면바지에 빵모자를 쓰셨던 패션 왕 할아버지.

날이 좋을 때면 집 앞 벤치에 앉아 산들바람을 맞으며 독서하는 걸 즐기셨던 할아버지.

하루도 빠짐없이 책상에 앉아 멋있는 필체로 일기를 쓰셨던 할아버지. (내용이 궁금해서 몰래 읽어보려고 시도한 적은 몇 번 있었는데 한문이 많아서 이해하지 못했다.)

일흔이 넘어서도 록펠러 어머니의 신앙 십계명과 1월부터 12월까지 영어단어의 스펠링, 뜻, 읽는 방법까지 손수 적어서 책상 유리 밑에 끼워서 보실 정도로 배움을 사랑하셨던 할아버지.

참으로 존경스럽고 닮고 싶은 할아버지다. 할아버지는 하나님 사랑, 이웃 사랑을 몸소 실천하셨다.

하나님의 말씀을 사랑하고 그 말씀을 실천하기 위해 매일 성실하게 성경을 읽으시고, 찬양하시고, 기도하셨던 할아버지.

먼 이웃이라도 병원에 입원했을 때 왕복 3~4시간이 걸리는 거리를 대중교통으로 매주 방문하시고 그 분의 건강 회복을 위해 매일 기도하셨던 할아버지. (2000년도 초반 남양주 구리시에서 버스, 지하철을 타고 서울에 위치한 큰

병원을 오가셨던 걸로 기억한다)

길거리에 지저분한 옷을 입은 갈 곳이 없던 자를 집으로 데려와 새 옷을 주시고 따뜻한 밥을 대접하셨던 할아버지. (할아버지는 겁이 많으셨는데도 남을 돕는 일에는 주저함이 없으셨다.)

먼 친척, 오랜 친구, 외국인 노동자 등 이웃들이 오래도록 할아버지를 찾아올 정도로 이웃들에게 사랑 받고 존경 받던 우리 할아버지.(명절 때면 할아버지께 인사 오는 사람들로 항상 집이 북적였었다.)

〈할아버지께 드리는 손녀의 안부〉

할아버지, 할아버지가 하나님께 가신 이후로 저는 대학교를 졸업하고, 로스쿨을 졸업하고, 미국 변호사가 되었습니다. 그리고 좋은 사람을 만나 작년에 결혼했어요. 언젠가 할아버지를 다시 볼 날을 기대하고 기다리고 있어요. 그때까지 저는 할아버지처럼 하나님 사랑, 이웃 사랑을 실천하며 하루하루 감사하며 지낼게요. 이 세상에 자랑하고 싶은 우리 멋진 할아버지, 감사하고 사랑해요.

늘 온화하고 선비 같은 작은 아버지

이종해 | 자영업

작은아버지 이명재 장로님은 碩昌선조께서 자리 잡은 곳, 이천 대월면 대흥리 큰골 에서 1969년 말에 서울로 이사 하셨습니다. 늘 조용하시고 온화한 선비 모습이셨습니다.

어려서나 성인이 되어 가정을 꾸리신 후에도 조카인 우리 형제들을 향해 형제간 우애와 부모님께 효도하고 걱정을 드려서는 절대 안 된다는 권면을 하셨고, 우리를 만나면 '종교를 가져야 한다 하나님을 믿어야 한다'고 강조해서 말씀하셨습니다.

6.25 전쟁 때 전쟁터에서 항상 성경책을 지니고 다니셨고 하나님께 기도 드렸고 그래서 살아서 돌아올 수 있었다고 말씀해 주셨던 그 모습이 보고 싶습니다.

先祖에 관한 모든 일에 큰 관심을 갖고 문중 일에 앞장서서 일하셨습니다. 본래 문중 묘가 있는 산의 명의가 아버지 단독이름으로 되어 있었습니다. 아무도 조상 묘에 관심을 두지 않았을 때 아버지가 앞장서서 정리하고 관리해 오셨기 때문입니다.

그런데 시간이 흘러 현대 하이닉스가 이천에 자리 잡고 조상묘역과 경계선이 형성되면서 주변 땅 값이 천정부지로 올랐습니다. 문중사람들이 조상묘지 땅 명의에 관심을 갖기 시작하였고 문중 내 갈등이 생겼습니다. 이때 작은아버지께서 아버지를 설득해서 묘소명의가 아버지 단독에서 공동명의로 변경되었습니다. 커다란 이권이 될 수도 있는 사안인데 결단하기 어려운 내용을 형에게 권면했고 분쟁은 해결되었습니다. 아버지는 섭섭하셨을 지도 모릅니다. 그러나 작은아버지는 형의 입장에서 고민을 하면서도 상식과 이치를 내세워 바로 잡으신 겁니다. 조상묘소를 정리 정돈하는 문제, 이전 문제 등 수 십년을 이 문제해결을 위해 노력하셨습니다.

이제 숙부님의 꿈이셨던 가족묘원이 후손인 저희들이 만들어 놓았습니다. 돌아가시기 전까지 이 문제를 붙들고 계셨을 작은아버지 이제 평안하셔도 됩니다.

생전 숙부님은 내가 이 모든 일을 마치고 이 세상을 떠나면 화장하지말고 아버님(휘 용서) 아래 묻어 달라고 말씀하셨습니다. 지금은 국가유공자로 이천 호국원에 안장되셨지만 숙부님은 가족묘원에 선조님과 부모형제가 계신 곳에 머물고 싶어 하지 않으실까 생각해 봅니다.

작은아버지, 평생 가족과 문중을 위해 수고 많으셨습니다. 평화로운 나라 아픔이 없고 행복한 하늘나라에서 편안하게 보내시길 바랍니다. 그리고 언젠가 하늘나라에서 반갑게 뵙겠습니다.

외삼촌의 삶의 기록에 대한 감사과 은혜

이병용 | 건축사·유탑 전무이사

8년 전 돌아가신 외삼촌이 기록하신 일기를 책으로 발간한다는 명신 동생의 연락을 받고 지금은 거의 세상을 떠나신 부모님 세대를 기리고 특히 신앙인으로 멋진 삶을 살아오신 외삼촌의 뜻을 기리고 본받을 수 있는 좋은 기회가 아닌가 생각을 해본다.

지난 2월 어머니 장지에서 명신 동생이 건네준 어머니와 외삼촌이 10년 전 나란히 찍은 사진을 바라보며 잠시 생각에 잠겨 본다.

이젠 어렴풋이 생각나는 어린 시절 외가에 대한 추억들을 돌이켜 보면 큰 외삼촌, 외숙모, 곤지암 이모님, 누나 동생들 모두 한 가족으로 따뜻하고 서로 사랑이 넘치는 모습들이 진한 추억으로 남아 있다.

젊은 시절 종교에 대한 회의감으로 방황하고 있던 시기에 외삼촌이 하셨던 말씀 중에 "왜 세계의 많은 과학자나 유명한 석학들이 신의 존재에 대하여 인정하고 종교에 귀의 하는지를 생각해 보라"고 하신 말씀이 기억난다.

죽음에 대해 생각하고 삶에 대하여 고민하던 어렵던 시절 외삼촌의 따듯한 여러 가지 말씀들은 잠시 기댈 수 있는 피난처였다.

특히 어머니와 각별하게 지내셨던 외삼촌의 경우 항상 조카들에 대한 배려와 사랑하는 마음과 인자한 모습이 기억 속에 남아 있다.

책상 위에 놓인 외삼촌의 선하고 인자하신 모습의 사진을 바라보며 수십 년 동안 외삼촌의 삶을 기록한 일기가 우리들의 후손들에게 좋은 귀감이 되고 삶의 지표가 되기를 기원해 본다.

또한 이런 자료들을 잘 정리하고 책으로 발간하는 명신 동생에게도 깊은 감사와 격려를 보낸다.

주변에 행복 바이러스를 전파하셨던 분

이한석 | 제주한라대학교 교수

추모의 글을 쓰며 이모부님과의 행복하고 아름다운 시간을 기억해 봅니다. 특별한 날이면 이모와 이모부님은 저희 집에 자주 오셔서 함께 식사를 하시고 아버지와 진지하고 열심히 대화하셨던 모습이 생각납니다. 어머니가 세브란스병원에 입원하셨을 때도 열심히 병문안을 오셔서 어머니를 위로하시고 간절하게 기도해 주셨던 것을 기억합니다.

어린 시절에 이모부님과의 만남은 기억이 희미하지만 1981년에 대학 졸업 후 제가 연세대학재활병원에 취업한 이후 연세대학교에 근무하시던 이모부님과 자주 만났던 것을 기억합니다.

강산도 변한다는 세월 동안 제가 보아왔던 이모부님의 모습은 어느 누구보다 아름답고 따뜻한 마음으로 성실하게 살아온 사람입니다.

우리 삶에서 중요한 것은 어쩌면 보이는 부분보다 보이지 않는 부분일 것입니다. 살아가는 동안 어떤 모습으로 살아가느냐가 중요한 것 같습니다. 제가 기억하는 이모부님은 어느 시인의 시처럼 뒷모습이 아름다운 사람이었습니다.

누구보다 맑은 영혼을 가진 아이와 같은 순수하고 소박한 사람이었습니다. 남을 배려하고 자신의 것을 아낌없이 나누기를 좋아하는 사람이었습니다.

가족과 이웃을 사랑하고 행복한 미소로 매일을 살아가는 사람이었습니다. 매사에 최선을 다하고 자기의 도리를 아는 사람이었습니다. 주변의 사람들에게 행복바이러스를 전파하는 사람이었습니다.

　이모부님의 모습은 제 가슴에 오래 남아 당신과 같이 아름답고 고귀한 삶을 살 수 있도록 노력하겠습니다. 그리움의 저편으로 가신 이모부님 사랑합니다. 그리고 존경합니다.

작은 고모부로부터 받은 세상에서 가장 값진 유산

최연수 | 한국공예산업연구소 소장

잠언 3장 1~10절의 말씀을 읽다 보면 8년 전에 돌아가신 작은 고모부의 생전 모습이 떠올려집니다.

솔로몬 왕은 죽기 전에 사랑하는 아들에게 부귀영화나 권력보다는 오직 여호와를 의지하고 인정하는 것이 진정한 지혜임을 깨닫고, 이를 유산으로 물려주려고 유언했습니다.

이와는 달리 내 기억 속에 계신 작은 고모부께서는 특별한 유언보다는 당신께서 행하신 삶의 모습으로 가족들에게, 그리고 조카인 저에게까지도 잊지 못할 값진 신앙 유산을 남겨주셨습니다.

벌써 하나님의 부르심을 받은 지 거의 8년이 훌쩍 지났는데도 아직도 제 마음 속에는 당신의 생전 모습이 바로 어제 일처럼 생생하게만 느껴집니다. 그때마다 살아생전에 "감사합니다"라고 말 한마디 제대로 드리지 못한 것이 너무나 후회되고 송구한 마음을 감출 수 없습니다.

지금이나마 이 추모의 글을 통해 저에게 남겨주시고 떠나신 당신의 삶의 모습은 세상 그 어떤 것보다도 값지고, 소중한 최고의 유산입니다. 저에게 당신은 크심 그 자체입니다. 너무나 감사하고 고맙습니다. 영원히 잊지 못할 것입니다.

먼저 당신은 저에게 든든한 아버지 그 이상이셨습니다.

고등학교 때 갑자기 저의 집은 때아닌 어려움이 한꺼번에 쓰나미처럼 덮

처왔습니다. 누구보다도 의지했던 어머니가 암으로 세상을 달리하시고, 여기에 아버지의 사업 실패까지 겹치면서 저희 집안은 그야말로 풍비박산되어 정든 고향 집을 떠나 고모부 집에 살게 되었습니다.

지금 와서 생각해 보면 당신께서도 풍족하신 형편이 아니었는데도 불구하고, 어떻게 자식도 아닌 조카를 눈살 한번 찌푸리지 않으시고 흔쾌히 받아주실 수 있었을까? 함께 사는 동안에도 꾸지람 한 번, 큰 소리 한 번 들어본 적이 없었습니다.

제가 대학을 떨어져 낙심하고 있을 때도 실망의 눈길보다는 제 등을 두드려주시고, 언제나 기도와 격려로 감싸주셨습니다. 언제나 환한 웃음 지으시며 따뜻한 음성으로 "연수야~"라고 불러주실 때면 저는 그 누구에게도 말 못 하고, 속앓이만 했던 그 모든 것들이 어느새 앓던 이 빠지듯 훨훨 날아가곤 했습니다.

아마 그때 작은 고모부가 계시지 않았다면 오늘날 제가 있었을까? 라는 생각을 가져봅니다. 이제는 큰소리로 외쳐 보려고 합니다. "당신은 저에게 든든한 아버지 그 이상이셨습니다." 너무나 감사하고 고맙습니다.

당신은 저에게 코람데오의 신앙 본보기를 유산으로 남겨주셨습니다.

요즘 코로나 19 팬데믹으로 교회를 나가지 못하고, 가정에서 비대면으로 드리는 것이 일상화되어 갈 때 다니던 교회에서 가정에서도 예배 기념비를 바로 세우라는 의미로 '코람데오(Coram Deo, 하나님 앞에서)'라는 큰 글자가 새겨진 가정 예배보를 나눠주었습니다.

저는 가정에서 예배나, 성경 공부, 큐티를 할 때마다 거실 한 가운데에 놓인 작은 책상 위에 코람데오 예배보를 가지런히 깔고 하나님 앞으로 나아갔습니다. 그런데 바로 이 모습은 왠지 제게 낯설지 않은 모습이었습니다.

왜냐하면, 살아생전 작은 고모부의 일상 모습은 당신께서 직접 만든 작고 아담한 원목 책상 위에 낡은 성경책과 성경 구절을 적은 크고 작은 메모장들과 함께 언제나 앉아 계셨던 기억이 대부분이었기 때문입니다.

당시 Y대학교 관리과 소속으로 일을 하고 계셨기에 숙직하시는 날이 많아 집에 들어오시면 피곤하여 자리에 눕기 바쁘셨을 텐데 당신께서는 언제나 변함없이 작은 책상에 앉아계셨습니다.

마치 시골 마을 입구에 들어서면 언제나 그 자리에 딱 버티고 있는 장승이나 솟대처럼 한결같았습니다. TV도 뉴스 외에는 거의 보지도 않으시고, 오직 그 자리에 앉으셔서 성경 읽으시고, 찬송 부르시고, 기도하시고, 성경 말씀 온갖 정성을 쏟아 필사하시고, 유일한 낙은 기독교 방송 들으시며, 간간이 들려오는 웃음소리가 저의 기억 전부일 정도였습니다. 언젠가 근무하시는 학교에 놀러 가 봐도 그곳 역시 집 풍경과 다를 바가 없었습니다.

마가복음 1장 35절 "새벽 아직도 밝기 전에 예수께서 일어나 나가 한적한 곳으로 가사 거기서 기도하시더니" 라는 말씀이 생각납니다. 예수님 역시 낮에 병든 사람들을 고치시고, 귀신을 내쫓으시며, 말씀을 가르치시고, 이곳저곳을 동분서주하다 보면 피곤해서 늦잠을 주무실 만도 한데, 예수님은 언제나 그것도 이른 새벽에 조용한 곳에 나아가 늘 하나님과의 시간을 가장 중요하게 여기신 것처럼, 제 기억 속에 계신 작은 고모부의 생전 모습도 예수님처럼 늘 하나님 앞에 나아 가셨습니다.

보통 고인의 빈소 앞에는 향과 국화꽃 정도가 놓여 있지만, 작은 고모부 빈소 앞에는 한평생 매일 매시간 하나님 앞으로 나아갔던 코람데오 흔적

소천 후 영정 앞에 놓였던 성경책과 성경필사 노트들

들, 손때가 묻은 낡은 성경책, 깨알같이 적은 성경 문구와 형형색색 밑줄로 가득한 메모장의 유품들로 가득 찼습니다.

이 광경을 보면서 조문하고 있는 사람들에게 그 어떤 국화꽃 향기보다 진한 하나님 사랑을 고스란히 느끼게 할 정도였습니다. 지금도 저는 그때 찍어 둔 작은 고모부의 코람데오 흔적들을 사진으로 고이 간직하고 있습니다. 가끔 은혜의 보좌 앞에 나아가지 못하고, 신앙적으로 흔들릴 때 저는 이 사진을 열어보고, 다시 힘을 얻어 하나님께 나아가곤 합니다.

이렇듯 당신께서 삶으로 보여 주신 코람데오 신앙은 지금도, 앞으로도, 영원히 제게 가장 소중한 유산이 아닐 수 없습니다. 너무나 감사하고 고맙습니다.

제가 받은 세상에서 가장 값진 신앙 유산, 저도 꼭 남기고 가겠습니다.

작은 고모부께서 남기고 가신 코람데오 흔적들 중 유독 내 눈에 들어온 것은 "너는 내 것이라"는 반듯하게 쓴 붓글씨 문구입니다. 아마도 이 문

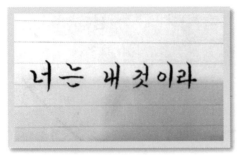
작은 아버님이 쓰신 글씨

구는 이사야 43장 1절 하나님께서 야곱을 지명하여 말씀하신 "내가 너를 지명하여 불렀나니 너는 내 것이라" 라는 구절을 인용하신 것 같습니다.

그런데 남겨진 다른 모든 성경 문구 메모지와는 달리 여기에만 성경 출처가 빠져 있습니다. 평소 꼼꼼하시고 세심하셨던 성품을 족히 알고 있는 저로서는 의아하지 않을 수 없었습니다.

남들이 보기에는 출처 하나 빠진 것 같고 너무 요란 떠는 것이 아니냐고 말할지도 모릅니다. 하지만 저는 그 메모지를 보고 작은 고모부의 확고부동한 신앙고백이었음을 발견할 수 있었습니다. 한평생 하나님 앞에 서신 당신, 오직 하나님만을 바라보며 사신 당신, 자나 깨나 하나님만을 의지하며 사신 당신, 그런 당신께서 힘줘서 반듯하게 그리고 출처까지도 적지 않고 쓴 이유는 "너는 내 것이라"라는 말씀이 더는 야곱이 아닌 바로 당신을 지명하여 말씀하신 것이기 때문임을 이제는 확실히 알 수 있었습니다.

작은 고모부~

이제 저도 약속하나 드리고 글을 맺고자 합니다. 오직 삶 속에서 행동으로, 성품으로, 남겨주신 소중한 코람데오 신앙 유산을 저도 사랑하는 모두에게 흘려보내고 가는 부끄럼 없는 하나님 자녀로 살아가겠다고 약속드립니다. 그리고 언젠가 저도 "너는 내 것이라"는 신앙고백을 제 손으로 꼭 써 보이겠습니다.

너무나 감사하고 고맙습니다.

고모부 눈가에 맺혔던 마지막 눈물의 의미

최동수 | 자영업

고모부는 찬송가 301장 "지금까지 지내온 것"을 좋아하셨다.

'지금까지 지내온 것... 주님 다시 뵈올 날이 날로 날로 다가와..'라고 찬양을 부르시던 고모부의 모습이 가장 크게 떠오른다.

초등학교 4학년때 엄마가 세상을 떠나시고 고모댁에서 지내게 되었다. 처음에 어렵게만 생각했던 고모부와의 관계가 시간이 지나며 어느새 멘토같고 친구같이 편안한 관계가 되었다.

고모부는 나에게 이런 말씀을 하셨다. "동수야, 진짜 생일은 육신이 태어난 날이 아니라 육신이 죽고 영혼이 주님을 다시 뵈는 날이, 그날이 진짜 생일이라고 고모부는 생각한다. 그러니 동수야, 고모부가 죽으면 너무 슬퍼하지 말고 기쁨으로 주님께 보내 달라"고 하셨다. 난 그때는 고모부 말씀을 잘 이해하지 못했지만 이제는 안다. 고모부의 말 한마디 한마디가 성경 말씀이었던 것을 나는 알게 되었다.

기억에 남는 고모부 말씀이 '부모의 기도는 죽어서도 주님께서 응답하신다며 너희를 위한 엄마의 기도를 주님께서 들으시고 응답하셔서 삼남매가 잘 지내는 것'이라고 말씀하셨다.

조카들인 우리 삼남매를 위해 늘 기도하시는 모습을 보며 난 고모부의 말씀과 기도에 대한 확신을 갖게 되었다. 지금 내가 아내와 세 딸을 둔 단란한 가정을 꾸리고 살고 있는 것도 부모심정과도 같은 고모부의 간절한 기도 덕분이라 생각한다.

혼자 살겠다고 독신을 고집하던 나에게 가정의 소중함을 말씀하시면서 '동수야 너는 특히 가정을 꼭 가져야 된다'고 말씀하셨다. 고모부가 나를 위한 기도제목 중에 하나가 주님 안에서 행복한 가정을 꾸리고 안정된 삶을 사는 것이었다.

그러던 어느 날 아내를 교회에서 만나 고모와 고모부께 첫 번째로 인사를 드리고 난 후 결혼을 위한 과정이 진행되었다.

부모를 대신해서 고모와 고모부가 상견례를 참석하셨는데 고모는 우시고 환한 미소로 나보다 더 기뻐하시는 고모부의 미소를 잊을 수가 없다.

그리고 고모부는 "동수야, 세상은 넓다. 네가 가진 지혜와 실력은 요리뿐 아니라 무엇이든 최고로 잘하고 항상 응원하고 있으니 세상 밖으로 나가라" 고 말씀하셨다.

고모부에게 '저는 공장일밖에 경험이 없어서 다른일은 잘 모르고 두렵다'고 말씀드리니 '아니야 동수야 너는 충분히 다른 곳에 가서 무엇을 하든 최고가 될 수 있다'는 말씀으로 확신과 용기를 심어 주셨다.

고모부 말씀대로 공장을 떠나 세상 밖으로 나왔을 때 고모부의 응원과 기도 덕분에 요식업, 백화점 입점사업, 병원 근무 등등 어떤 일이든 고모부 말씀대로 최고가 되었다.

내가 TV에 나왔을 때도 마스터 중에 최고의 월급을 받을 때도 고모, 고모부에게 제일 먼저 전화를 드렸다. 고모부는 전화상의 목소리지만 크게 기뻐하시고 좋아하셨다. 고모부의 그 목소리와 웃음소리는 아직도 잊지 못한다. 어찌 보면 고모부의 조언과 말씀 그리고 기도 덕분에 지금의 나와 가정이 존재한다고 생각한다.

그리고 내가 준공무원에 합격하니 고모부가 제일 좋아하셨다. 그런데 3

일 동안 컴퓨터 앞에 앉아 있는 게 힘들고 아무도 말을 걸어주는 사람도 없고 스트레스가 머리끝까지 올라와 고모부에게 전화를 했다.

"고모부, 너무 힘들어요" 하면서 상황을 말씀드렸다. 고모부가 다른 지인들처럼 크게 화를 내실 줄 알았다. 그런데 고모부는 "동수야, 아쉽지만 이해하고 이해한다. 스트레스 받지 말고 그만 두어도 된다"고 하셨다.

형처럼 공부만 잘하는 사람은 편안하고 좋은 직장일 수 있겠지만 기술과 몸으로 살아온 나에게는 남들이 모르는 힘든 점을 고모부는 이해해 주시고 받아 주셨다. 그때 나를 제일 이해해 주시고 포용해 주시는 고모부가 세상에서 제일 멋져 보였고 힘도 났다. 고모부를 회상하며 글로 모든 것을 표현하기에는 너무나 부족한 많은 일들이 있었지만 나에게 고모부는 모든 일에 그 누구와도 비교할 수 없는 최고의 멘토였다.

마지막으로 고모부가 본향으로 떠나시기 전 중환자실에서 뵌 모습을 또한 잊지 못한다. 고모부가 사람도 못 알아보고 지금은 중환자실에 있다 고 고모가 전화를 주셔서 병원으로 달려갔다.

뼈만 앙상하게 숨도 제대로 쉬지 못하면서 누워 있는 고모부 모습에 눈물이 났다. 눈을 감고 가쁜 숨을 쉬고 있는 고모부 모습에 나도 모르게 엉엉 울면서 "고모부, 사랑해요 고모부 말씀 잊지 않고 열심히 살게요" 나도 모르게 고모부 손에 얼굴을 대고 '울면 안되는데 안되는데' 하면서 또 울었다. 고모부 눈가에서도 눈물이 흘러 내렸다. 고모부가 나의 목소리를 알고 계신 듯 서로 울었다.

그 후 고모부를 주님께 보내드리면서 고모부는 주님 곁에서 행복하실 거라 믿으며 그리움을 달래본다.

"부모를 일찍 여읜 동수를 올바르게 가르치고 좋은 길로 인도해 주셔서 너무 너무 감사해요. 마지막 동수의 삶이 끝나는 그 날까지 고모부 말씀과 약속 잊지 않고 좋은 아내, 세 딸 아빠로 살겠습니다.

꿈에서조차 동수가 힘들 때 나타나셔서 항상 응원해 주시고 힘을 주시는 고모부 마음 잊지 않고 노력하며 살겠습니다. 찬송가의 '주님 다시 뵈올 날이 날로 날로 다가와 무거운 짐 주께 맡겨 벗을 날도 멀 잖네 나를 위해 예비하신 고향 집에 돌아가 아버지의 품 안에서 영원토록 살리라' 처럼 후회없는 삶으로 언젠가 주님 곁에서 고모부를 볼 수 있도록 말씀 안에서 착하게 열심히 살게요."

사랑해요 사랑해요 감사해요. 나의 울~ 고모부

고모부 사랑하는 동수가

우리 가정과 자녀들을 위해 늘 기도해주신 고마운 오빠

이효재 | 세신교회 권사

 푸르디푸른 계절 속에 가슴에 묻힌 지난 일들을 끄집어내려니 감정도 메마른 듯 생각조차 떠오르지 않는다. 7-8년 전 소천하신 이명재 장로님의 추모 글을 부탁 받고는 앞이 캄캄할 뿐. 내 나이 70세에 고향 생각해 본지가 언제인지…. 인색한 내 삶의 시간들이 멀리 가버렸다.

 지금 이천은 대도시가 되어 산골 마을까지도 마을버스가 시간마다 있고 자가용이 집집마다 주차되어 있지만 내 어린 시절엔 읍 소재지로 읍에서 8km 정도 떨어진, 버스조차 없고 걸어서 다녀야만 했던 산골짜기 농촌에서 자랐다. 높은 산으로 들러 싸인 20여 채의 초가집이 옹기종기 모여 경기도 광주 이 씨 집성촌처럼 친척들이 많이 모여 살았다.

 우리는 큰 댁인 이명재 장로님과 이웃에서 살았다. 내가 태어나기도 전에 마을에는 큰 어머니가 교회를 개척하셔서 목사님과 교회 주일학교 교장님이셨던 장로님의 말씀과 기도로 자연스럽게 신앙인의 삶을 살고 있었다.

 이명재 장로님은 내게 사촌오빠이다. 오빠는 농사지으며 교회 섬기시며 마을의 궂은일에 앞장서서 내일처럼 섬기며 봉사하시면서 항상 온화한 성품으로 따듯한 분이셨다.

 언제나 내 곁에 계실 것 같았던 큰댁이 조카들의 교육을 위해 서울로 떠나시던 날 소중한 것을 잃어버린 듯 아팠던 마음이 지금도 아련하다. 어렸던 내게는 고향 생각하면 즐거웠던 시절보다 아픔이 더 크게 기억된다.

오빠네 가족이 서울로 떠나신지 1년 후에 어머니의 중병으로 서울 세브란스병원에 입원과 퇴원을 반복하며 우리 집은 무척 우울한 환경으로 변했다. 서울에서 직장 생활하시던 오빠는 바쁘셨을 때에도 올케 언니와 함께 어머니의 병간호를 해주셨고, 큰 어머니는 고향에 내려 오셔서 나와 젖먹이 막내 동생을 비롯 동생들을 돌보며 생활을 대신해 주셨다.

끝내 어린 우리만 남겨놓고 어머니는 돌아가셨지만 오빠는 틈틈이 시간 내어 고향에 내려 오셔서 따뜻한 사랑으로 용기를 주셨고 품어 주셨다. 오빠가 있는 큰댁은 우리의 큰 버팀목이었다. 그 어린 시절의 작은 믿음이 신앙의 기반이 되어 우리 형제들과 자손들은 지금까지 모두 열심히 신앙생활하며 살아가고 있다.

결혼 후 같은 서울 생활에서도 자주 뵙지는 못했지만 오빠는 언제나 다정하시고 신실한 믿음으로 생활하시는 모습이 내게는 큰 힘이 되었다. 내 가정과 내 자녀들을 위해 항상 기도해 주시곤 하셨다. 지금도 잊을 수 없는 일은 내가 위암수술을 앞두고 있을 때였다.

그 때는 1월 초라 날씨가 무척 추웠다. 나의 수술이 오전 7시로 잡혀 수술실 앞에서 기다리고 있을 때 오빠가 기도해 주시기 위해 병원으로 오셨다. 오전 7시 수술 전 나를 만나서 기도해 주시기 위해 전 날 교회에서 주무시고 새벽기도회에 참석 하신 후 첫 버스를 타고 수술실로 오신 것이다.

내 두 손을 꼭 잡고 간절히 기도하시던 모습이 아직도 내 마음에 뜨겁게 새겨져 있다. 난 아무것도 해 드린 것이 없는데 감사하지도 못했는데 갑자기 먼 길 떠나셔서 회한이 밀려온다.

벌써 천국으로 떠나신지 수년이 지났지만 오빠는 나의 부모님처럼 내 가슴에 남아 있다. 작년 초 코로나가 우리의 삶을 마비시켜 모든 것이 어그러진 삶을 살아가고 있지만 예수님의 사랑을 말없이 실천하신 오빠의 헌신과 사랑을 기억한다.

　언젠가 천국에서 만날 수 있으리라는 부활의 소망을 가지고 오빠인 이명재 장로님을 추모하며 작은 마음으로 이 글을 드린다.

　　　　　　　　　　　　　　　　　　오빠를 그리며 효재 드림

늘 위로와 힘을 주었던 사촌오빠

이유재 | 장안제일교회 권사

이명재 장로님은 저의 사촌오빠입니다.

제가 태어나서 자란 곳은 경기도 이천군 대월면 대흥리입니다. 한 동네에서 함께 지낸 오빠는 진실하고 성실한 분이셨습니다. 제가 어릴 때는 사촌오빠인데도 열심히 공부를 가르쳐 주시고 많이 예뻐하셨습니다.

집에서는 가정교사요 교회에서는 주일학교 교사로 신앙을 이끌어 주셨습니다. 저희 어머니께서 늘 아프셨는데 자주 오셔서 주사를 놔 드린 것이 많이 생각납니다. 아픈 엄마와 저에게는 오빠의 존재가 위로가 되고 힘이 되었습니다.

저도 결혼을 해서 서울로 오고 오빠 가족도 서울로 이사를 오게 되었습니다. 오빠는 왕십리에서 오랫동안 한 교회를 섬기시면서 신실한 신앙생활을 하셨습니다.

신앙도 신실하시고 누구에게나 진실하게 대하신 분이시지요. 가끔 뵈면서 대화를 나누면 '삶이 예수님 같으신 분이구나' 하는 생각을 하곤 했습니다.

어느 날은 오셔서 '고향교회에 종을 해야 겠다'고 하셔서 헌금을 했던 기억도 납니다. 고향을 1969년도에 떠나셨으니 오랜 시간이 흘렀는데도 고향교회를 잊지 않고 계셨습니다. 교회를 섬기고 친지와 이웃을 챙기고 배려하는 모습이 참 귀하게 여겨집니다.

오빠는 언제 어디를 가든지 우리 집 얘기를 하신다고 했습니다. 저희 7남매는 오래 전부터 한 달에 한 번씩 어머니 집에서 만나 예배를 드렸습니다.

지금은 저희 집에서 예배를 드리고 있지요. 오빠는 우리 남매들이 모이면 예배드리고 우애 있게 지내는 것을 남다르게 생각하셨던 것 같습니다. 그리고 참으로 보기 좋아 하셨습니다.

지금 글을 쓰는 동안에도 오빠 생각을 하니 눈물이 납니다. 이 땅에서 많은 사람들에게 신앙의 선한 영향력을 끼치고 신실하게 살다 가신 오빠를 생각하면서 나도 그런 삶을 살아야겠다는 생각을 하게 됩니다.

사랑하는 오빠
존경하고 사랑합니다
너무 보고싶네요
천국에서 편히 쉬세요.

이명재 장로님과 성서 지도

김희수 | 바나바연구소장

월드비전에서 목회할 때, 어느 날 이명신(그 당시 이명재 장로님의 따님으로 월드비전의 국제사업을 담당했던 나의 친구)이 내게 와서 이런 부탁을 했다.

"아버지가 성경을 읽다 보니 성경 지리(地理)에 대해 알아야겠다고 생각하시고, 성경 지리를 다룬 책이 필요하다고 합니다. 혹시 있으면 빌려주세요."

그래서 나는 서재에서 성경 지리를 다룬 책을 찾아보았지만, 이명재 장로님이 읽으실 만하다고 여겨지는 책은 보이지 않았다. 하는 수 없이 신학적 기초가 있어야 이해할 수 있었던 '성서 지도'란 책을 꺼내면서 이렇게 말했다.

"이 책은 신학적 기초가 없으면 이해하기 어렵습니다. 시간이 걸릴 것이니 곧바로 돌려주지 않아도 됩니다."

이런 일이 있은 지 두 주쯤 지났을 때, 이명신은 그 책을 내게 돌려주면서 이렇게 말했다.

"아버님이 그 책을 처음부터 끝까지 다 읽으셨습니다. 이제 성경을 좀 더 이해할 수 있게 되었다고 말씀하셨습니다. 그리고 김 목사님께 감사하다고 전해 달라 하셨어요."

책을 살펴보니 정말 처음부터 끝까지 공부한 흔적이 남아 있었다. 그때 내 속에서는 이런 질문이 솟아올랐다.

"어떻게 신학 공부를 하지 않으신 분이 그 어려운 책을 끝까지 읽을 수 있지?"

그런데 이어 내 속에서 이런 답이 솟아올랐다.

"그래, 이 장로님은 하나님의 말씀을 사모하는 분이시다. 아마 그 하나님의 말씀에 대한 사모함으로 인해 그 어려운 책을 끝까지 읽을 수 있게 했을 거야."

이 일로 인해 나는 '과연 나는 이 장로님처럼 성경을 갈망하고 있는가'라는 질문을 내 자신에게 던지게 되었다. 그때 이 장로님이 내게 준 거룩한 도전은 지금까지 내 가슴에 생생히 살아 있다. 이 장로님 생전에 그 고백을 전해 드리지 못한 것이 후회스럽다.

그토록 하나님의 말씀을 사모했던 이 장로님, 그토록 하나님을 뵙고 싶어했던 이 장로님, 지금은 하나님의 얼굴을 마주 대하고 계시리라 믿는다.

"우리가 지금은 거울로 보는 것 같이 희미하나 그때에는 얼굴과 얼굴을 대하여 볼 것이요. 지금은 내가 부분적으로 아나 그때에는 주께서 나를 아신 것 같이 내가 온전히 알리라"(고전 13.12).

4부

설교문
– "깨어 있으라"

이명재 장로님은 오랜 신앙생활 가운데 교회에서 수시로 말씀을 전하시기도 하셨다. 이는 교회예배에 목사님이 일일이 다 설교를 할 수 없는 상황이 되거나, 주일 오후예배나 수요예배에는 장로님들이 필요에 따라 설교를 감당하셨기 때문이다. 또한 청년부, 주일학교 그리고 기관 헌신예배 시 장로님이 설교를 하시게 된 경우도 종종 있었다. 장로님은 설교 부탁을 받으면 그때부터 바로 설교 준비에 들어가셨다. 마음에 부담을 갖고 기도하며 최선을 다해 설교준비를 하셨다. 설교의 주제 본문을 기본으로 해 다양한 기독교 자료와 본인이 메모해 놓은 신앙의 글들을 참고해 몇 번이나 고쳐가며 설교문을 작성하셨다. 컴퓨터가 없던 시기이고 일일이 필기구로 노트에 기록한 장로님의 설교문 노트는 남아 있는 것만 빽빽한 노트로 10여 권이 훌쩍 넘는다. 오래된 설교문 일부는 버린 것으로 알아 그것까지 합치면 수십 권은 될 것이다. 이를 다 정리하면 설교집만 서너 권이 나올 양이지만 추모집에서는 설교 5편만 수록해 은혜를 함께 나누고자 한다.

1. 사랑의 결실
2. 너희 염려(念慮)를 다 주(主)께 맡겨 버리라
3. 어리석은 자의 비유
4. 깨어 있으라
5. 기도하지 않는 죄

1 사랑의 결실

성경본문

"형제들아 내가 너희와 같이 되었은즉 너희도 나와 같이 되기를 구하노라 너희가 내게 해롭게 하지 아니 하였느니라 내가 처음에 육체의 약함으로 말미암아 너희에게 복음을 전한 것을 너희가 아는 바라 너희를 시험하는 것이 내 육체에 있으되 이것을 너희가 업신여기지도 아니하며 버리지도 아니하고 오직 나를 하나님의 천사와 같이 또는 그리스도 예수와 같이 영접 하였도다 너희의 복이 지금 어디 있느냐 내가 너희에게 증언하노니 너희가 할 수만 있었더라면 너희의 눈이라도 빼어 나에게 주었으리라"(갈라디아서 4장 12~15절)

스위스의 유명한 신학자 칼 바르트 교수가 연세가 많을 때 전 세계를 다니면서 강연을 많이 했다. 그의 유명한 강연집도 많이 있다. 그가 미국을 방문하고 강연할 때 많은 사람이 감동받고 존경하며 박수칠 때에 한 미국인 청년이 벌떡 일어나 칼 바르트 교수에게 질문을 하였다.

"교수께서는 지금까지 자신의 마음을 스쳐지나간 일들 중에 가장 위대한 생각은 무엇이라고 생각을 하십니까?"

그는 갑작스런 질문에 깊이 생각을 하고 나서 한 마디로 대답했습니다.

"예수께서 나를 사랑하신다. 바로 그것입니다. 예수께서 나를 사랑하신다. 성경을 통해서 바로 나는 이것을 깨닫습니다. 내 생활을 통해서 이것을 간증합니다. 이보다 더 위대한 일은 없습니다."
라고 대답했다.

여러분, 하나님이 날 사랑하신다는 것을 깨닫고, 알고 살아가는 사람은 참으로 행복한 사람이요, 그것을 모르고 살아가는 사람은 가장 불행한 사람입니다.

여러분 지금 임종이 가까웠다고 생각하여 봅시다. 옆에서 아내가, 남편이 운다고 위로가 되겠습니까. 옆에서 자녀들이 아빠, 엄마 울부짖는다고 위로가 되겠습니까. 아무것도 소용이 없습니다. 재산이 많으면 무얼 하고 명예가 많으면 무얼 합니까. 오직 하나, 내 마음속에 들려오는 말씀이 있어야 합니다.

'내가 너를 사랑한다.', '내가 너를 사랑한다.'

이 주님의 음성(音聲) 외에 무엇이 필요합니까.

어느 때도 내가 너를 사랑했고 어느 때도 내가 너를 돌아보았노라. 이 하나님의 사랑이 확인되는 것 이것 외에 무엇이 필요합니까. 이 보다 더 귀한 것이 어디에 있습니까.

그러면 이 귀한 사랑은 무엇을 통해 확증될 수 있을까요?

1. 십자가(十字架)입니다.

하나님이 나를 이처럼 사랑하사 독생자(獨生子)를 주셨으니 내가 너를 통하여 희생하노라. 독생자(獨生子)를 십자가에 못 박아서 내 사랑을 보여주노라. 전적으로 이것을 받아들일 수 있고 또 믿을 수 있을 때 구원(救援)에 이를 수 있고 참사랑을 깨닫게 됩니다.

2. 철저하게 자기 죄를 깨닫고 회개(悔改)할 때입니다.

자기 죄를 깨닫지 못할 때 십자가는 나에게 별 의미를 갖지 못합니다. 성 프란시스가 하루는 자기 양자(養子)를 데리고 사람이 제일 행복할 때가 어떤 때인 줄 아느냐고 물었습니다. 양자가 글쎄요 하니 내가 말하는 것을 잘 들어라. 내가 이 수도원(修道院)에서 밖에 볼일 보러 나갔다고 하자. 볼일을 보고 돌아와 성문(城門)에 들어가려고 할 때 문지기가 못 들어가게 막는 거야. '나 프란시스야.' 아무리 그래도 이 문지기는 도리어 나의 멱살을 잡고 괴롭게 하는 거야. 그때 나는 '이 놈, 내가 주인인 줄도 모르고' 하면서 노하는 것이 아니라 겸손히 주님 앞에 나 같은 죄인은 이 같은 고난도 당연합니다. 하며 이 고난(苦難) 속에서도 주님께 감사드릴 수 있을 때가 가장 행복한 때이다. 고난은 자기 죄(罪)과에 비하면 아무것도 아니라는 뜻이다.

이와 같이 자기의 죄를 깨닫는 양(量)이 많으면 많을수록 하나님의 사랑을 깨닫게 되고 믿음이 성장하게 됩니다.

3. 하나님께 받은 사랑을 지극히 작은 자에게 나누는 것 입니다.

태초에 말씀이 계시니라 이 말씀이 하나님과 함께 계셨으니 이 말씀은 곧 하나님이시니라(요1:1)

이 말씀과 함께 하시는 하나님과 만남의 역사가 이루어질 때 참사랑을 깨닫게 됩니다. 사업이 잘 되고 바쁘고 할 때는 사랑하는지 마는지 모르지만 그러나 실패하고 곤경에 처할 때 비로소, 아…… 이 분이 나를 사랑하는구나, 나를 분명히 사랑하는 사람은 이 사람이로구나. 그 깊은 관계속에서 사랑의 언어가 이루어지게 됩니다.

성경의 내용을 가만히 살펴보세요.

네가 이래저래 하면 그때부터 내가 사랑할 것이다. 네가 어떠어떠한 일을 하면 그때부터 내가 너를 사랑할 것이다, 가 아니라 성경에서 말하는 복음(福音)은 내가 너를 이미 사랑하였노라. 네가 하나님과 원수 되었을 때에 내가 너를 사랑하였노라. 네가 나를 모를 때에 너를 사랑하였노라. 네가 죄중(罪中)에 빠져 있을 때에 너를 사랑하였노라. 그대로 놔두면 영원히 멸망 받을 수밖에 없는 그때에 채찍을 들어 너를 구원하였노라. 내가 너를 사랑하였다는 것을 알라. 깨달으라. 믿으라. 이것이 복음(福音)입니다.

내 지내온 날, 내 과거, 내 자신에게 닥쳤던 구체적인 현실들이 이것이 나를 향한 하나님의 구체적인 사랑이었다. 분명 사랑이었다. 이것을 깨닫고 믿고 그리고 내 모든 것을 그에게 위탁하기를 바라고 계십니다.

아버지의 품을 떠난 탕자가 집에 돌아왔습니다. 돌아왔기 때문에 용서하신 것입니까. 아닙니다. 이미 용서(容恕)하고 기다리고 계신 것입니다. 이것을 잊지 말아야 합니다. 십자가를 통한 구원의 길은 언제나 열려 있습니다. 회개하고 그 문으로 들어가면 됩니다. 하나님은 이러한 사랑을 가만히 앉아서 받기만 하라는 것은 아닙니다. 하나님의 무한한 사랑으로 사망에 이를 수밖에 없는 죄를 탕감 받았으니 형제가 우리에게 빚진 모든 것을 탕감하여 주며 피차 사랑하라는 것입니다.

베드로전서 1장22절 말씀은 마음으로 피차 두껍게 사랑하라고 합니다. 여러분 우리가 무슨 자격(資格)이 있어서 사랑을 받는 것입니까.

바울이 말하듯이 내가 하나님과 원수되었을 때, 내가 하나님을 모를 때, 내가 하나님의 은혜(恩惠)를 모르고 살 때에도 하나님은 나를 사랑하셨어요. 그래서 우리들은 그 사랑에 감격하고 있는 것입니다.

내가 잘나서 사랑을 받는 것입니까? 내가 남보다 의(義)로워서 사랑을 받는 것입니까?

그렇게 생각하시면 그것은 율법주의자(律法主義者)입니다. 율법주의자(律法主義者)는 사랑의 본질(本質)을 앗아갑니다. 내가 무슨 많은 일을 해서 구원을 얻는다고 생각하기 때문입니다.

어느 사이에 율법주의자(律法主義者)가 되고 보면 죄의 가책의식에 매이지요. 나는 무자격하다고 생각하게 되지요. 자기 교만에 빠지고 마지막에는 가장 중요한 하나님의 은혜와 사랑은 다 잊어버리고 맙니다.

내가 남보다 무엇을 많이 안다, 남보다 많이 일한다, 남보다 많이 바친다고 생각할 때 교만이라는 마귀는 어느 사이 살그머니 우리 중앙을 차지하게 됩니다. 교만은 하나님과 원수요, 교만은 사망에 이르는 길잡이가 되는 것을 성경 전부를 통해서 말하고 있습니다.

또 네 이웃에 지극히 작은 형제에게 사랑을 베풀라. 그것이 곧 나를 사랑하는 것이라. 예수님의 말씀입니다. 이웃에 작은 생명 하나가 얼마나 귀하기에 마태복음 5장22~24절에 형제에게 노하는 자마다 심판을 받겠고 형제에게 라가라 하는 자는 공회(公會)에 잡히게 되고 형제에게 미련한 놈이라 하는 자는 지옥불에 던지운다고 하였겠습니까.

마태복음 18장5~6절에는 이웃에 지극히 작은 자 하나를 실족케 하는 자는 차라리 연자 맷돌을 목에 매고 깊은 바다에 던지움이 낫다고 하시지 않았습니까?

여러분 하나님과의 은혜와 사랑의 관계(關係)를 맺고 사는 사람만이 자신도 행복하고 다른 사람도 행복하게 할 수 있습니다. 내가 가장 똑똑하고 잘난 것 같고 의심도 많고 자로 이리 재고 저리 재고 비판도 많고 논리적이고 합리적이고 말이 많아봐야 하나님의 은혜를 저버린 상태에서는 죽은 재밖에 남는 것은 아무것도 없습니다.

아가서4장

1 내 사랑 너는 어여쁘고도 어여쁘다 너울 속에 있는 네 눈이 비둘기 같고 네 머리털은 길르앗 산기슭에 누운 염소 떼 같구나

2 네 이는 목욕장에서 나오는 털 깎인 암양 곧 새끼 없는 것은 하나도 없이 각각 쌍태를 낳은 양 같구나

3 네 입술은 홍색 실 같고 네 입은 어여쁘고 너울 속의 네 뺨은 석류 한 쪽 같구나

여러분 우리 모두 이러한 마음으로 주님을 바라봅시다. 이 아름답고 사랑스러운 눈매로 서로를 바라봅시다.

1993년 9월 23일

2 너희 염려(念慮)를 다 주(主)께 맡겨 버리라

"너희 염려(念慮)를 다 주(主)께 맡겨 버리라 이는 저가 너희를 권고(眷顧)하심이라"(베드로 전서 5장7절)

권고(眷顧)란 말은 돌보아주신다, 보살펴주신다 즉 하나님께서 너희들의 모든 것을 아시고 돌보아 주시니 걱정하지 말고 하나님께 맡기라는 말씀입니다.

문제는 우리가 이 말씀대로 하나님께 맡겨지지 않고 모든 일에 미리 염려(念慮)하고 걱정하고 더 길어지면 고민(苦悶)하게 되고 더 심해지면 좌절(挫折)하는 데까지 이르게 될 수 있기 때문입니다.

염려(念慮)의 대상(對象)이 형편(形便)과 처지(處地), 수준(水準) 따라 다르겠지만 대체로 가족의 건강문제, 경제, 자녀문제, 신앙의 문제, 특히 장로님들은 교회문제 때문에도 많은 걱정을 하게 되지요.

어떤 사람들은 아직 다가오지도 않은 일들을 앞당겨 염려(念慮)하느라 잠 못 이루는 사람들도 있습니다.

사람들이 거의 공통적으로 가지고 있는 제일 큰 염려는 미래에 대한 불안에서부터입니다. 내일 갑자기 좋지 않은 일이 발생하지 않을까? 장차 불행(不幸)이 닥치지는 아니할까? 모든 우환질고(憂患疾苦)는 예고 없이 오는 법인데 오늘은 건강한데 내일 또 무슨 질병에 걸리지는 않을까? 금년에는 편안한데 내년에는 암(癌)에 걸리지 않을까? 이런저런 불안이 우리에게 있는 것입니다.

우리는 있지도 않은 재앙(災殃)의 대한 근심과 염려 때문에 이 세상을 기쁘고 즐겁고 행복하게 살아갈 수 있는 것을 상실하게 되기 쉽습니다.

사도 바울은 디모데후서 1장7절서 이렇게 말합니다. "하나님께서 우리에게 주신 것은 두려워하는 마음이 아니요 오직 능력(能力)과 사랑과 절제(節制)하는 것"이라고 했습니다. 하나님은 두려워하고 염려하는 것을 기뻐하지 않으십니다. 두려워하는 것은 죄(罪)라고 했습니다. 불신(不信)에서 오는 것이기 때문입니다.

어떤 사람이 한번은 상담 목사 사택을 찾아와서 자기는 괜히 죽게 될 것 같아서 늘 염려가 되고 불안하고 걱정이 돼서 찾아 왔다고 했습니다.

그래서 그 목사님은 "왜 죽음에 대해서 그렇게 심각하게 생각하세요?" 그랬더니 "나는 지금 심장이 매우 약합니다. 그저 조금만 이상한 일을 보면 가슴이 두근거리고 마음이 약해집니다."라고 했습니다.

"그래요, 그럼 의사선생님을 찾아가 보시지요."

"예, 심장전문의를 찾아가 뵈었지요. 그랬더니 그분이 다 여러 가지로 조사한 결과 다 건강하고 아무 이상이 없다고 진단을 내렸습니다. 그래도 자꾸 계속 두려움이 생깁니다."

"그럼 왜 그렇게 죽는 게 겁이 납니까? 지옥(地獄)에 갈 것 같아서 그래요? 그럼 지금까지 지은 죄를 다 회개하고 예수를 구주로 영접하면 이런 두려움이 다 없어집니다. 구원의 확신이 생기면 됩니다."

목사님이 그렇게 말했는데도 그분은 여전히 두렵고 겁이 나고 염려가 된다고 합니다. 이 분은 염려병(念慮病)이 걸렸는데 이번에는 그의 아내가 자기를 떠나가지 않을까 하는 이런 두려움이 떠나가지 않는다고 하면서 아내가 잘해주면 잘해줄수록 더욱 걱정이 된다고 합니다.

"그래서 혹시 떠나간다고 무슨 암시(暗示)라도 보인 적이 있습니까?" 물었더니, "그게 아니라 요즈음 아내가 남편을 죽였다는 끔찍한 뉴스를 보게 되고 아내들이 가출한다는 이야기를 자주 듣게 되니까 아내를 보기만 해도 겁이 나고 무서워진다."는 것입니다.

그러더니 또 이번에는 직장을 잃지 않을까 염려가 된다고 그럽니다. "그러면 직장상사한테 해고한다는 그런 말을 들은 적이 있습니까?" 물었더니, "아니요 직장에서 내가 맡은 일을 성실히 하고 있고, 윗분도 내가 하는 일에 만족하고 있는 것 같다"고 그러는 거예요.

"아, 그럼 됐지 왜 그렇게 염려를 합니까?"

"그것이 아니라 주위 사람들이 해고 돼서 나가는 것을 보면 나도 그렇게 되지 않을까 걱정이 돼서 밥맛을 완전히 잃었습니다." 하는 거예요.

한번은 어떤 부인이 찾아와서 하는 말이, "자기 남편이 너무너무 훌륭하고 잘생겨서 내가 어떻게 저런 남편을 맞이하게 됐나 감탄스럽기 그지없는데, 남편이 너무너무 잘해주고 사랑해 줄수록 밤에 가만히 누워 생각을 하면 저 남편이 만약 죽게 되면 어떡하나 이 생각이 떠오르기 시작하면 밤에 잠을 한숨도 못 잔다."고 그래요.

이런 사례가 극단적(極端的)인 이야기인 것 같지만 우리 생활 주변에 이런 사람이 굉장히 많다는 것입니다. 여러분들은 참 행복한 분들입니다. 사실은 저도 비슷한 사람이기 때문에 이러한 말씀을 준비하게 됐는지 모릅니다.

성경 한 곳 읽어보겠습니다.

사무엘하 16장5~13절의 성경 속에 나타난 다윗의 일대기를 읽으면 우리아의 아내, 밧세바를 범(犯)한 것 이외의 모든 삶이 위대한 삶이요 위대한 신앙인이었다는 것을 알게 됩니다.

시편(詩篇) 소년시절 전(全) 이스라엘 장병들이 무서워 벌벌 떨던 적장 골리앗을 무찌른 일과 사울 왕에게 쫓기면서도 힘 안 들이고 그를 살해(殺害)할 수 있는 절호의 기회가 있었음에도 하나님의 기름 부음 받은 왕이라 하여 손을 대지 아니한 일이며, 반역자(反逆者) 아들 압살롬에게 오히려 선의(善意)를 베푼 일 이 모두가 위대하고 감동적인 일이었습니다.

또 압살롬에게 쫓기어 바후림에 도달했을 때 사울 왕(王)의 족속(族屬) 시므이가 돌을 던지며 갖은 욕설과 저주를 퍼부으며 따라갈 때 다윗의 신복(臣僕) 아비새가 '나로 하여금 저 죽은 개의 목을 치게 하소서' 할 때 다윗은 "너는 상관하지 말아라 저가 저주하는 것은 여호와께서 저에게 다윗을 저주하라 하심이니 네가 어찌 그리 하였는지 할 자가 누구 겠느냐. 내 몸에서 난 아들도 내 생명을 해(害)하려 하거늘 하물며 이 베냐민 사람이랴. 여호와께서 명(命)하신 것이니 저로 저주하게 내버려 두어라." 라고 만류했다. 참으로 다윗의 삶은 온전히 하나님께 맡긴 진실(眞實)되고 거룩한 삶이었음을 볼 수가 있습니다.

여러분 아무리 내가 억울하고 분통이 터지는 일이 있더라도 인간적인 나의 혈기(血氣)가 앞서는 것이 아니라 다윗과 같이 고요히 눈을 감고 하나님을 바라볼 때 하나님의 뜻을 따라 하나님께 맡겨지는 역사(役事)가 일어나게 될 줄로 믿습니다. 다윗이 그 당시 하나님을 기억하지 못했다면 사람의 방법대로 시므이는 아비새의 단칼에 피를 흘리게 되었을 것입니다.

여러분 교회 내에서도 세상 말 많이 하지 말고 하나님을 바라보며 기도하는 장소가 되어야 합니다.

배가 물 위에 떠 있어야지 물이 배 안에 들어오면 물속에 가라앉습니다. 물이 삼켜 버립니다. 교회가 세상에 있지만 세상 것이 교회에 가득차면 세상에 삼키 움이 됩니다.

우리들이 세상 속에 살고 있지만 우리 삶을 주님께 맡기지 못하고 우리속에 세상 것이 가득 채워지고 그 한복판에 내가 주인으로 있으면 주님은비집고 들어와 계실 곳이 없어집니다. 내가 살면 주님이 죽고 내가 죽어야내 속에 주님이 삽니다.

로마서 8장에 그리스도의 영(靈)이 없으면 그리스도의 사람이 아니라고했습니다.

빌립보서 3장8절서 바울은 그리스도를 아는 지식(知識)이 가장 고상함을 인하여 모든 것을 잊어버리고 배설물(排泄物)로 여긴다고 했습니다. 우리들이 아직까지도 소중하게 간직하고 있는 것을 바울은 배설물로 버리고 있는 것입니다.

로마서 8장12절에 육신(肉身)에게 져서 육신(肉身)대로 살면 반드시 죽을것이로되 영(靈)으로서 몸의 행실을 죽이면 산다고 했습니다. 여러 가지 모양으로 나타나고 있는 고통이 육신의 눈으로 볼 때에는 죄의 대가(代價)요저주 받는 것으로 보일 수 있어도 하나님의 가장 가까운 곳까지 접근해서영적인 눈이 뜨일 때 주님께서 내게 내려 주시는 크신 은혜임을 고백하게되는 것입니다.

그래서 야고보는 환난(患難)을 당할 때 온전히 기쁘게 여기라고 한 것 아닙니까?

우리의 삶을 온전히 하나님께 맡기고 마음을 비우고 주님의 영으로 충만히 채워지도록 힘쓰고 기도합시다. 그래야 참 그리스도의 사람이 됩니다. 그래야 삽니다. 그래야 생동(生動)하는 교회가 될 수 있습니다.

BC.722년 이스라엘이 앗수르 제왕에 의해 멸망당하고 그 이후 1670년이 흘러 남 유다 멸망 2,3 년 전, 바벨론의 위협이 지속될 때 그때가 아마 유다 열왕(列王) 17대(代) 18대(代) 여호야김, 여호야긴. 두 왕 때로 추정됩니다. 그때 하박국 선지자(先知者)가 나타나서 하나님께 기도를 드립니다.

"여호와여 내가 울부짖어도 주께서 듣지 않으시니 어느 때 까지 이니까? 내가 강포(强暴:우악스럽고 사나움)하여 외쳐도 주께서 구원치 아니하시나이다. 주께서는 눈이 밝고 깨끗하심으로 패역(悖逆:이치에 어긋나고 흉악함)을 차마 보지 못하시거늘 어찌하여 궤휼(詭譎:간사스럽고 속임)한 자들을 방관(傍觀)하시며 악인(惡人)이 자기보다 의(義)로운 사람을 삼키되 잠잠하시나이까? 주께서 어찌하여?"라고 울부짖습니다.

그러고 나서 2장을 보니까 "내가 파수(把守)하는 곳에 서며 성루(城樓)에 서리라. 그가 내게 무엇이라 말씀하실는지 기다리고 바라보며 나의 질문에 대하여 어떻게 대답하실는지 보리라"하고 기다리는 거예요. 기도 드렸으면 맡기고 기다리는 지혜가 필요합니다.

하박국 2장3~4절서 마침내 응답이 왔습니다.
"비록 더딜지라도 기다리라. 의인(義人)은 그 믿음으로 말미암아 살리라"라는 응답입니다. 기도하고 맡겼으니 주실 것을 믿고 기다리라는 거지요. 여러분의 모든 염려스러운 것 기도로 하나님께 맡기시기를 바랍니다.

"너희 염려(念慮)를 다 주께 맡겨 버리라. 이는 저가 너를 권고(眷顧)하심이라."

모든 것을 하나님께 맡기고 응답하실 것을 믿고 기다리는 신앙을 갖게 되시길 주님의 이름으로 축복하며 기도합니다.

1999년 4월 16일 설교

○3 어리석은 자의 비유

성경 본문

"무리 중에 한 사람이 이르되 선생님 내 형을 명하여 유산을 나와 나누게 하소서 하니 이르시되 이 사람아 누가 나를 너희의 재판장이나 물건 나누는 자로 세웠느냐 하시고 그들에게 이르시되 삼가 모든 탐심을 물리치라 사람의 생명이 그 소유의 넉넉한 데 있지 아니하니라 하시고 또 비유로 그들에게 말하여 이르시되 한 부자가 그 밭에 소출이 풍성하매 심중에 생각하여 이르되 내가 곡식 쌓아 둘 곳이 없으니 어찌할까 하고 또 이르되 내가 이렇게 하리라 내 곳간을 헐고 더 크게 짓고 내 모든 곡식과 물건을 거기 쌓아 두리라 또 내가 내 영혼에게 이르되 영혼아 여러 해 쓸 물건을 많이 쌓아 두었으니 평안히 쉬고 먹고 마시고 즐거워하자 하리라 하되 하나님은 이르시되 어리석은 자여 오늘 밤에 네 영혼을 도로 찾으리니 그러면 네 준비한 것이 누구의 것이 되겠느냐 하셨으니 자기를 위하여 재물을 쌓아 두고 하나님께 대하여 부요하지 못한 자가 이와 같으니라" (누가복음 12장13~21)

세상 사람들 중에는 부(富)를 버리고 가난을 택해서 살아가는 사람도 간혹 있지만 거의 모든 사람들은 부자(富者)가 되기를 원하고 있으며 특별히 물질적(物質的)으로 부자가 되기를 원하고 있습니다. 그래서 바삐 뛰고 있습니다. 정신없이 뛰는 사람들도 있습니다.

여러분, 부자(富者)가 무엇입니까? 부자는 풍족한 사람이라는 뜻이며 만족해하는 사람을 의미합니다. 부자는 아쉬운 것이 없어야 합니다. 그런데 사람들은 어떻습니까?

물질적으로 채워지면 채워질수록 물질(物質)에 대한 갈증을 느낍니다. 그러니 물질적으로 아무리 채워져도 풍족과 만족을 누리는 참 부자는 될 수가 없습니다. 오늘 성경 본문은 어리석은 부자의 비유를 들려주고 있습니다. 12:13~21절 말씀을 세 가지로 분류해서 생각해 보겠습니다.

첫째 물질(物質)에 대한 욕심(慾心)을 버리라

수많은 사람들이 예수님을 따르고 있을 때 한 젊은이가 예수님을 찾아와서 엉뚱한 부탁(付託)을 합니다.

"내 형을 명하여 유산을 나와 나누게 하소서" 하는 것입니다. 예수님은 "누가 나를 너희의 재판장(裁判長)이나 물건 나누는 자로 세웠느냐" 하시며 거절하셨으며 오히려 젊은이를 향하여 "삼가 모든 탐심(貪心)을 물리치라, 사람의 생명이 그 소유(所有)의 넉넉한 데 있지 아니 하니라" 라고 충고하십니다.

주님은 모든 탐심을 물리치라고 말씀하셨는데 성경에서 보면 출20:17, 미2:2, 롬1:29, 막7:22, 골3:5, 엡5:5, 딤전6:10 등 여러 곳에서 탐심에 대한 말씀을 하고 있습니다.

물론 어느 정도의 물질적 소유가 생명을 위하여 필요한 것은 사실이지만 그러나 소유의 풍부함이 생명의 풍부함을 의미하는 것은 아닙니다. 가난해도 행복한 사람이 있는가 하면 부유해도 고통스러운 사람이 있습니다. 그러므로 사람답게 사는 삶은 물질적인 소유의 많고 적음에 있는 것이 아니라는 말씀입니다.

우리 주변에는 물질적으로는 대단한 부자이지만 정신적으로는 매우 빈곤한 사람이 있으며 비록 빈곤한 생활을 하여도 교양(敎養)과 인격(人格)을 갖춘 훌륭하고 복된 삶을 사는 사람들도 있습니다.

그런가 하면 영적(靈的)으로 볼 때 하나님의 말씀과 은혜가 풍성한 부자도 있습니다. 이런 사람이 모든 것에 감사할 줄 아는 영적인 부자인 것입니다. 재물에 대한 욕심은 인간을 병들게 하고 이 사회를 싸움터로 변하게 하며 물질에 대한 갈등과 탐욕은 끝이 없게 됩니다.

둘째 자신만을 위하여 재물을 쌓지 말라

오늘의 성경 본문에는 어리석은 부자가 등장합니다. 그는 부자였으나 참으로 불쌍한 자였습니다. 왜 그렇습니까?

먼저 그는 풍성한 재산에 대한 감사는 없고 "쌓아둘 곳이 없으니 어찌할꼬"하며 오히려 걱정하고 있습니다. 이 사람은 재물을 쌓아두려고만 하지 나누려고 하는 마음은 전혀 갖지 않았습니다. 재물이란 잘 벌어야 하고 잘 지켜야 하고 그리고 잘 써야 한다는 것은 요한 웨슬리의 교훈(敎訓)이기도 합니다.

그리고 자기 영혼(靈魂)을 자기 맘대로 할 수 있는 것으로 착각하고 있으니 어리석은 사람입니다. 19절에 보면 그는 "내 영혼아 여러 해 쓸 물건을 많이 쌓아두었으니 평안히 쉬고 먹고 마시고 즐거워하자"고 했습니다. 그러나 하나님께서는 20절에 "오늘 밤에 네 영혼을 찾으리니"라고 하셨습니다. 영혼의 주인은 하나님이시니 내 생명을 내 자신이 주장할 수 없습니다. 지금이라도 주님이 부르시면 가야만 하는 것이 인생인데 사람들은 이것을 모르고 있습니다. 이 어리석은 사람이 비유로 나온 부자일 뿐만 아니라 바로 내가 아닌지 말씀으로 자신을 비추어보는 기회가 되었으면 합니다.

나아가 그는 나밖에 모르는 이기적인 인생관을 가지고 있습니다. 이 부자의 독백 속에 그가 가장 강조하는 단어가 무엇입니까?

"내가 곡식 쌓아둘 곳이 없으니 어찌 할꼬. 내가 이렇게 하리라 내 곳간을 헐고 더 크게 짓고 내 곡식과 모든 물건을 거기 쌓아 두리라. 또 내가 영혼에게 이르되 내 영혼아 여러 해 쓸 물건을 많이 쌓아 두었으니 평안히 쉬고 먹고 마시고 즐거워하자"라고 합니다. 그 사람은 나(自己)라는 나밖에는 다른 사람이 보이지 않습니다. 오직 자기 자신만이 있을 따름입니다.

셋째 하나님을 향해 부요(富饒)한 자가 되라

예수님께서는 비유(譬喻)의 결론으로 하나님을 위해 향해 부요한 자가 되라고 말씀하고 계십니다. 어떻게 하면 하나님이 만족하시는 부자가 될 수 있을까요?

그것은 앞에서도 말씀드렸거니와 재물을 자기를 위해 쌓아두지 않는 대신 이웃을 위해 쌓아두는 것입니다. 이웃을 위해 쌓아둔다는 것은 이웃의 필요를 위해 내어 놓는다는 것을 말합니다.

그리고 어리석은 부자가 되지 않으려면 하나님 나라를 위해 인색한 자가 되어서는 안 됩니다. 자신과 가정을 위해서는 아까울 것 없이 펑펑 쓰면서도 하나님 나라를 위해서는 인색하고 아까워한다면 하나님을 향해 부요한 자가 될 수 없습니다. 성경은 말합니다.

"네 보물이 있는 그 곳에는 네 마음도 있으리라."(마태복음 6장21절)

마지막으로 더욱 중요한 한 가지가 있습니다.

하나님을 향한 부요자(富饒者)는 하나님과의 관계 속에서 영적인 풍요와 만족을 누리는 사람입니다. 육체를 위하여 필요한 것이 있듯이 영혼을 위해 필요한 것이 있다는 것을 알고 영적인 풍요를 위해 준비하는 사람이 진정으로 풍요한 사람입니다.

영적인 풍요가 있을 때 실패도 인정하게 되고 어려운 순간도 평안한 마음으로 받아드릴 수 있고 모든 것이 나를 떠나도 주님 이것도 감사합니다, 하고 진정한 고백을 드릴 수가 있을 것입니다.

"사람이 떡으로만 사는 것이 아니요 하나님의 입으로 나오는 모든 말씀으로 살 것이라"는 말씀이 진하게 마음속으로 다가오는 것을 느끼며 우리의 영혼을 하나님께 돌려드릴 준비를 하면서 살아가는 사람이 참 하나님을 향해 부요한 사람임을 잊지 마시길 바랍니다.

연도미상의 10월 27일 연합속회 설교

4 깨어 있으라

성경본문

"이에 예수께서 제자들과 함께 겟세마네라 하는 곳에 이르러 제자들에게 이르시되 내가 저기 가서 기도할 동안에 너희는 여기 앉아 있으라 하시고 베드로와 세베대의 두 아들을 데리고 가실 새 고민하고 슬퍼 하사 이에 말씀하시되 내 마음이 매우 고민하여 죽게 되었으니 너희는 여기 머물러 나와 함께 깨어 있으라 하시고 조금 나아가사 얼굴을 땅에 대시고 엎드려 기도하여 이르시되 내 아버지여 만일 할 만하시거든 이 잔을 내게서 지나가게 하옵소서 그러나 나의 원대로 마시옵고 아버지의 원대로 하옵소서 하시고 제자들에게 오사 그 자는 것을 보시고 베드로에게 말씀하시되 너희가 나와 함께 한 시간도 이렇게 깨어 있을 수 없더냐 시험에 들지 않게 깨어 기도하라 마음에는 원이로되 육신이 약하도다 하시고 다시 두 번째 나아가 기도하여 이르시되 내 아버지여 만일 내가 마시지 않고는 이 잔이 내게서 지나갈 수 없거든 아버지의 원대로 되기를 원하나이다 하시고" (마태복음 26장 36~42절)

지금 대제사장과 장로들에게 파송(派送)된 큰 무리들이 가룻 유다를 앞세우고 예수님을 잡으러 오는 긴박한 순간에 예수님이 베드로와 야고보, 요한을 데리고 앞으로 있을 십자가의 고난(苦難)을 감당하시기 위하여 겟세마네에 이르러 제자들에게 기도를 부탁하고 혼자 떨어져 기도하시고 내려와 제자들이 자고 있는 것을 보시고 시험(試驗)에 들지 않게 깨어 있어서 기도하라는 말씀입니다.

금년의 시작이 바로 어제 같은데 벌써 마지막 결산(決算)의 달을 맞이하면서 성경 여러 곳에서 말씀하고 있는 종말론(終末論)을 생각하며 인생의 종말을 연결시켜 봅니다.

매일 하루의 끝나는 시간이 있고 매달 끝나는 날짜가 있고 매년 끝나는 달이 있습니다.

저는 매일 저녁 10시에서 12시 사이에 그날 하루 지난 일들을 죽 더듬으면서 일기책에 담아 놓습니다. 좋은 일을 한 날은 마음이 흐뭇하고 한 일 없이 지난날은 무거운 마음으로 회개하게 됩니다. 자아발견(自我發見)에 도움이 되는 것 같습니다.

12월이 되면 당회(堂會)가 열리고 이어서 구역회, 지방회로 이어져 나가는데 구역회원들은 구역회 때에 영적생활(靈的生活)에 대한 보고서를 내고 장로님들은 지방회에도 제출을 합니다. 이 보고서를 작성할 때 하나님께 보고하는 마음으로 작성하게 됩니다. 보고내용이 풍부하면 마음이 평안하고 가볍지만 보고할 것이 별로 없으면 부끄럽고 떳떳하지 못함을 감출 수가 없습니다.

이 보고서의 내용이 부끄러운 한해였다면 다음해에 충성할 기회(機會)가 있을 수도 있겠습니다마는 성경 여러 곳에서 말씀하고 있는 우주적 종말(宇宙的 終末)은 내 인생의 끝 날은 예고 없이 도적(盜賊)같이 홀연히 덫과 같이 다가올 거라 말합니다. 깨어 있지 못하고 준비 없는 삶을 산 사람 앞에는 무서운 심판(審判)만이 기다리고 있는 것입니다. 다시 회개할 기회가 주어지지 않습니다. 부자와 나사로의 비유에서도 잘 나타내고 있습니다.

우리들이 항상 깨어 있어 정신을 차리고 눈을 크게 뜨고 자기 자신을 직관(直觀)하여야 할 것은 내가 지금 육신적(肉身的)으로 살아가고 있는지, 아니면 믿음을 따라 걸어가고 있느냐 하는 것입니다.

깨어 있는 삶을 살기위해서는

첫째, 소외된 이웃에 대한 관심을 가져야 합니다.

저는 복음서 중에 예수님의 관심이 가장 많이 가 있는 곳이 가난한 자, 소외된 자, 사회적 약자에 대한 관심과 사랑이라고 생각합니다. 나 같은 죄인 살리신 주님의 은혜를 생각하며 우리의 관심도 주님의 이 관심에 합류시켜야 할 것입니다.

로마서 14장에 "네가 어찌하여 네 형제를 비판하느냐 어찌하여 네 형제를 업신여기느냐 우리가 다 하나님의 심판대 앞에 서리라 이러므로 우리 각 사람이 자기 일을 하나님께 직고(直告)하리라"고 했습니다.

내 자신이 심판대 앞에 서는데 누구를 판단하고 누구를 비판할 수 있습니까? 우리는 고난 중에 있는 자들을 긍휼(矜恤)하게 여길 책임과 의무만 있습니다. 정죄(定罪)할 자격도 없습니다.

산상수훈(山上垂訓) 8복(福) 가운데 5번째 "긍휼히 여기는 자는 복이 있나니 저희가 긍휼히 여김을 받으리라" 하셨고 반대로 약2:13절에서 "긍휼을 행하지 아니하는 자에게는 긍휼 없는 심판이 있으리라" 했습니다. 참으로 준엄(峻嚴)한 말씀입니다.

누가복음 17장2절에 "저가 이 작은 자 중 하나를 실족케 할진대 차라리 연자 맷돌을 그 목에 매어 바다에 던져지는 것이 나으리라"는 말씀이 있는데 왜 이런 말씀을 하셨겠습니까? 아무리 보잘 것 없는 생명이라도 천하보다 귀하기 때문입니다.

성 어거스틴 회고록(回顧錄)에 보면 이런 구절이 있습니다.

"남을 위해 산다는 것이 이렇게 행복한 것인가?"

이 구절 속에서 남을 위해 사는 자에게 주어지는 깊은 행복을 읽을 수가 있습니다.

바울은 행함으로 구원을 얻는 것이 아니라 믿음으로 구원을 얻는다고 했는데 하고 반문하실 분이 계실 것입니다. 맞습니다. 주님은 그리스도시오 살아계신 하나님의 아들입니다. 이 고백 위에 그의 십자가의 보혈(寶血)로 죄 씻음 받고 의인의 반열에 섰다고 하는 가장 진실하고도 확고한 믿음을 가진 자들에게는 행(行)함은 따라가게 되어 있습니다. 믿음 안에서는 고통도 은혜요 시련도 은혜이기 때문에 반대로 믿음은 약한데 행함이 앞서 가려고 하면 이것은 불가능합니다.

달리는 기차를 한 예로 들어본다면 기관사는 예수요 연결고리는 믿음이요 뒤에 객차는 행함과 같습니다. 예수를 믿는 이 믿음의 고리를 확고하게 연결시켜 놓으면 개차는 따라가게 되어 있는 이치와 같습니다.

둘째, 깨어있는 자는 늘 탐심을 경계해야 합니다.

우리들이 천국을 향해서 걸어가는데 끝까지 우리의 발목을 붙들고 늘어서고 있는 것이 있는데 욕심입니다.

자신의 의술, 재물 등 모든 것을 다 바쳐 간질환자(癎疾患者) 8,000명을 치료하고 2,000여명을 치료 중에 있던 막사이사이상까지 수상(受賞)한 동양의 슈바이처라고 일컫는 장기려 박사는 이런 말을 남겼습니다. "모든 불행은 욕심과 사치에서 비롯된다. 이웃에게 모두 나누어 주면서 살라"

그는 죽은 뒤에 자기 사무실 하나 밖에 없었지만 무한한 평화를 누리다가 하늘나라로 올라갔습니다.

마태복음 5장에는 산상수훈인 8가지 복에 대한 내용이 나옵니다. 첫 번째로 나오는 게 "심령(心靈)이 가난한 자는 복이 있나니 천국이 저희 것임이여"입니다.

심령이 가난한 자는 무엇을 말하는 것입니까?

마태복음 6장24절에 "한 사람이 두 주인을 섬길 수 없나니 한 사람이 하나님과 재물을 겸하여 섬길 수 없다"고 했습니다.

내 심령 속에 이것도 채워 놓고 저것도 갖고 싶고 예수님은 들어올 틈이 없지요. 마음을 비워야 예수님이 들어올 수 있고 예수님과 함께 있는 곳이 곧 천국이 됩니다. 찬송가 495장 3절에도 "내 주 예수 모신 곳이 그 어디나 하늘나라"라고 했습니다.

심령이 가난한 자는 복이 있다고 하는 것은 마음속에 욕심 다 버리고 빈 마음속에 예수님 모신 것을 말합니다.

8복 중 4번째 복이 무엇입니까?

바로 "의(義)에 주리고 목마른 자는 복이 있나니 저희가 배부를 것이요"입니다. 세상 것에 목이 타도록 갈급(渴急)하는 것이 아니라 예수님을 애타게 바라고 진실로 말씀을 간절히 갈급하고 사슴이 시냇물을 찾아 갈급함 같이 생명수를 갈급하는 자는 그의 영혼이 영원히 배부를 것을 말합니다.

이제 말씀을 간단하게 정리하겠습니다.

첫째. 지극히 작은 자. 고통 중에 있는 이웃들에게 관심을 돌립시다.

둘째. 세상 욕심을 버리고 심령이 가난한 자 되어 천국을 소유합시다.

그래서 항상 깨어있음으로 우리들이 언젠가 세상 짐을 내려놓고 주님 앞에 설 때에 당황하는 모습이 아니라 주님을 위해 수고한 땀을 닦으며 주님을 맞이할 수 있는, 그래서 참 잘 살았다라는 주님의 칭찬을 받는 우리 모두가 되기를 빕니다.

2000년 12월 5일 설교

5 기도하지 않는 죄

성경본문

"나는 너희를 위하여 기도하기를 쉬는 죄를 여호와 앞에 결단코 범하지 아니하고 선하고 의로운 길을 너희에게 가르칠 것인즉 너희는 여호와께서 너희를 위하여 행하신 그 큰일을 생각하여 오직 그를 경외하며 너희의 마음을 다하여 진실히 섬기라"(사무엘 상12장 23~24절)

지금 낭독(朗讀)한 본문 말씀은 사무엘이 나이 많아 늙었을 때 이스라엘 백성(百姓)이 다른 신을 섬기는 것을 좋아하고 하나님보다는 사람을 더 의지(依支)하여 사사시대에서 왕을 세워 달라고 구(求)하는 백성들을 향한 외침입니다. 너희들이 돌이켜 죄를 회개하면 하나님께서 너희를 용서하신다. 나는 너희를 위하여 기도하기를 쉬는 죄를 결단코 범하지 아니하리라. 이 말씀 속에는 사무엘이 자기 백성들을 얼마나 사랑하고 있는지가 나타나 있습니다. 자기 자녀를 위하여 기도하지 않는 성도는 한 사람도 없을 것입니다.

왜 그렇습니까? 사랑하기 때문이 아닙니까?

우리가 금요심야예배(金曜深夜禮拜) 때마다 왜 참석을 해야 합니까? 그 이유를 한번 살펴보면 좋겠습니다.

① 지켜 내려오는 전통이기 때문에 의식 따라 참석을 합니까?
② 자격 유지하기 위해서 나옵니까?
③ 인정받으려고 나옵니까?

④ 자리 채우려고 나옵니까?

이 모두가 여러분은 아니라고 할 것입니다. 맞습니다. 이런 이유로 나오는 분은 안 계실 것입니다.

① 우리는 예수님을 만나고 싶고 그 음성을 듣고 싶어 왔습니다.
② 기도 하러 왔습니다.

집에서 기도하면 안 되나요? 할 수도 있지만 혼자서는 연약합니다. 합심(合心)으로 기도하여 하나님의 뜻을 이루며 살기 위하여 합심으로 기도하여 연약한 자를 돕기 위하여 온 것입니다. 물론 우리들의 일상생활이 기도 생활이 되어야 합니다.

마틴 루터는 기도에 대하여 이렇게 말했습니다.

"옷을 만드는 게 옷집의 일이고 구두를 고치는 게 구둣방의 일인 것처럼 기도하는 것은 기독교인의 일이다."

③ 말씀을 들으려고 왔습니다.

집에서 성경 보면 되지 않은가? 집에서 성경 보는 것이 잘못된 것이 아니라 집에서는 매일 읽을 수가 있지만 금요심야예배는 한 주일에 한 시간 밖에 없습니다. 혼자 성경 읽는 것과 말씀 듣는 것은 다릅니다. 믿음은 득음에서 나기 때문입니다.

기도하는 방법에 있어서는 내용의 순서, 장소, 자세, 목이 터져라 부르짖는 기도, 큰소리, 작은 소리, 명상기도가 있습니다마는 금요예배 때와 같이 모여 기도할 때는 사회자의 인도(引導) 따라 하는 것이 좋다고 생각합니다. 기도 방법에 정답이 있는 것은 아니지만 성경에는 부르짖으면 응답하겠다는 말씀이 여러 곳에 기록되어 있습니다. 그 말씀들을 찾아보겠습니다.

(렘33:3) 예레미야가 옥(獄)에 갇혀 있을 때 하나님께서, "너는 내게 부르짖으라 내가 네게 응답하겠고 네가 알지 못하는 크고 은밀한 일을 네게 보이리라"고 하셨습니다.

(시30:2) "여호와 내 하나님이여 내가 주께 부르짖으매 나를 고치셨나이다" 이와 비슷한 부르짖음에 대한 말씀이 성경 역사서에 특히 시편(詩篇)에는 부르짖었다, 부르짖으매, 부르짖으오니 라는 말씀이 수없이 기술되어 있습니다.

(삼상1:13) "한나가 속으로 말하매 입술만 움직이고 음성은 들리지 아니함으로 엘리는 그가 취한 줄로 알더라"

(마6:6) "너는 기도할 때에 네 골방에 들어가 문을 닫고 은밀한 중에 계신 네 아버지께 기도하라 은밀한 중에 보시는 네 아버지께서 갚으시리라"

위와 같이 기도에 대한 말씀을 몇 구절 찾아보았지만 종합적으로 볼 때 개인적으로 기도드릴 때는 큰소리로 할까 작은 소리로 할까 거기에 연연하지 마시고 마음에서 우러나오는 대로 하시면 하나님께서 받아주신다고 생각합니다.

이 시간 여러분들께 특히 부탁드리고 싶은 말씀이 있습니다. 저는 이 부탁의 말씀을 드리려고 기도를 제목으로 삼았는지 모릅니다. 우리들은 예수 안에서 하나입니다. 예수 안에서 한 배를 타고 천성을 향해 걸어가는 공동

체입니다. 그러기 때문에 하나가 아프면 나의 온 몸과 마음까지 아파 들어오는 것입니다. 개인기도 하실 때는 물론이려니와 특히 이 심야예배 드릴 때에는 육신의 질병으로 고생하는 이들과 남달리 고통을 겪는 이들을 위하여 한마음으로 기도하셔야 합니다.

집에서 가정예배를 드리는데 영수가 "할아버지 예배 좀 짧게 하시면 안 돼요?"라고 묻습니다. 그 후로는 가정예배 기도는 가능하면 짧게하고 취침 전에 한 사람 한 사람 이름을 부르면서 중보기도를 하게 됩니다. 안 할 수가 없어요. 이를 위해 기도하지 않으면 나도 죄짓는 것이지요. 중보기도의 대상자 중에는 내가 장로니까 책임상 의무적으로 해야 된다고 생각되어지는 이도 있지만 어떤 가정은 너무 안타까워 오장 육부가 그 집으로 끌려 들어가는 고통스럽고 힘들게 간절한 기도를 드리게 됩니다.

오늘 본문 말씀 "나는 너희를 위하여 기도하기를 쉬는 죄를 여호와 앞에 결단코 범치 아니하리라." 이 말씀이 이해가 되십니까? 아멘!으로 받아들여지십니까?

사무엘은 자기 이스라엘 백성을 몹시도 사랑했습니다. 범죄(犯罪)의 길로 들어서는 이스라엘 백성을 향하여 너희가 회개하고 여호와께로 돌아오면 용서해 주신다고 격려하며 너희를 위하여 기도 안 할 수가 없고 기도하지 않는다면 내가 죄 짓는 거라고 했습니다. 우리 성도들 간에도 똑같습니다.

여러분 오늘 말씀의 제목은 '기도하지 않는 죄'라고 했습니다. 말씀을 정리해 보도록 하겠습니다.

1. 하나님을 사랑하고 이웃을 사랑하는 곳에는 기도가 따르게 됩니다.

2. 기도하는 시간이 하나님과 가장 가깝게 소통하는 시간이 됩니다.

3. 기도는 신앙인의 생명의 줄입니다.

4. 기도를 쉴 때 마귀가 다가옵니다.

5. 기도할 때 하나님의 음성을 들을 수 있습니다.

6. 기도할 때 자신의 있는 모습 그대로를 볼 수 있습니다.

7. 기도할 때 원수(怨讐)를 사랑할 수 있습니다.

8. 기도하는 자에게 평화가 있습니다.

그래서 바울과 주님은 항상 깨어 기도하라고 합니다. 기도하지 않음이 죄임을 아시기 바랍니다.

2001년 5월 25일. 심야예배 설교